BEI GRIN MACHT SICH IHR WISSEN BEZAHLT

- Wir veröffentlichen Ihre Hausarbeit,
  Bachelor- und Masterarbeit

- Ihr eigenes eBook und Buch -
  weltweit in allen wichtigen Shops

- Verdienen Sie an jedem Verkauf

Jetzt bei www.GRIN.com hochladen
und kostenlos publizieren

Ralph Schimpf

Digitale Forensik und Werkzeuge zur Untersuchung wirtschaftskrimineller Aktivitäten im Umfeld von Kreditinstituten

GRIN Verlag

Bibliografische Information der Deutschen Nationalbibliothek:

Die Deutsche Bibliothek verzeichnet diese Publikation in der Deutschen National-
bibliografie; detaillierte bibliografische Daten sind im Internet über http://dnb.d-
nb.de/ abrufbar.

Dieses Werk sowie alle darin enthaltenen einzelnen Beiträge und Abbildungen
sind urheberrechtlich geschützt. Jede Verwertung, die nicht ausdrücklich vom
Urheberrechtsschutz zugelassen ist, bedarf der vorherigen Zustimmung des Verla-
ges. Das gilt insbesondere für Vervielfältigungen, Bearbeitungen, Übersetzungen,
Mikroverfilmungen, Auswertungen durch Datenbanken und für die Einspeicherung
und Verarbeitung in elektronische Systeme. Alle Rechte, auch die des auszugsweisen
Nachdrucks, der fotomechanischen Wiedergabe (einschließlich Mikrokopie) sowie
der Auswertung durch Datenbanken oder ähnliche Einrichtungen, vorbehalten.

Impressum:

Copyright © 2011 GRIN Verlag GmbH
Druck und Bindung: Books on Demand GmbH, Norderstedt Germany
ISBN: 978-3-656-03566-4

Dieses Buch bei GRIN:

http://www.grin.com/de/e-book/180347/digitale-forensik-und-werkzeuge-zur-
untersuchung-wirtschaftskrimineller

GRIN - Your knowledge has value

Der GRIN Verlag publiziert seit 1998 wissenschaftliche Arbeiten von Studenten, Hochschullehrern und anderen Akademikern als eBook und gedrucktes Buch. Die Verlagswebsite www.grin.com ist die ideale Plattform zur Veröffentlichung von Hausarbeiten, Abschlussarbeiten, wissenschaftlichen Aufsätzen, Dissertationen und Fachbüchern.

Besuchen Sie uns im Internet:

http://www.grin.com/

http://www.facebook.com/grincom

http://www.twitter.com/grin_com

Universität Duisburg-Essen

Virtueller Weiterbildungsstudiengang Wirtschaftsinformatik (VAWi)

Digitale Forensik und Werkzeuge zur Untersuchung wirtschaftskrimineller Aktivitäten im Umfeld von Kreditinstituten

Digital forensics and business crime analysis
tools in banking environment

Projektarbeit im Wahlpflichtmodul „Verteilte Systeme"
Vorgelegt dem Fachbereich Wirtschaftswissenschaften der Universität Duisburg-Essen

Verfasser: **Schimpf, Ralph**

Abgabe: 11.09.2011 (WS 2011/12)

Inhaltsverzeichnis

Abbildungsverzeichnis

Tabellenverzeichnis

Abkürzungsverzeichnis

BSI	Bundesamt für Sicherheit in der Informationstechnik
CFTT	Computer Forensic Tool Testing Projekt
DoS	Denial of Service
GUI	Graphical User Interface (grafische Benutzeroberfläche)
IDS	Intrusion Detection System
NIST	National Institute of Standards and Technology
NSRL	National Software Reference Library
SOA	Service Oriented Architecture

1 Einleitung

Seit dem Einbruch und Datendiebstahl im Play Station Netz von Sony nehmen die Meldungen zu Hackerattacken weiter zu. Das Thema Datenschutz, nicht nur im Internet, wird immer größer und verankert sich nach und nach als eines der wichtigsten Themengebieten der IT Sicherheit. Doch auch gesetzliche Regelungen, bspw. der Sarbanes-Oxley-Act, nehmen sich dieser Thematik an und sorgen für vermehrte Sensitivität und neue Ansätze bei der Verhinderung von Einbrüchen in die Datenlandschaften von Unternehmen.

Auch Veränderungen in den technischen Ansätzen führen zu ganz neuen Themen im Bereich der IT-Security. Neuen Technikansätze wie Cloud Computing und service-oriented architecture (SOA) und verstärkte Nutzung von Smartphones und PDAs bergen Chancen auch für Hacker, denen entgegengewirkt werden muss und damit auch neue Herausforderungen für forensische Untersuchungen.

Diese Angriffe auf IT Architekturen von Unternehmen und Kreditinstituten, unabhängig von der Motivation, geschehen Tag für Tag und müssen dann von den betroffenen Unternehmen korrekt behandelt werden, um den verursachten Schaden so gering wie möglich zu halten.

Die vorliegende Arbeit untersucht den Zusammenhang von IT-Sicherheit und IT-Forensik in Bezug auf Wirtschaftskriminalität in Banken. Hierfür wird bei der Analyse und Beschreibung des Security Engineering der Fokus auf die Verhütung von Wirtschaftskriminalität gelegt und es findet sich der Bezug der digitalen Forensik auf die speziellen Begebenheiten der Kreditinstitute. Fließende Übergänge zwischen dem Engineering und der Forensik sind dort zu verzeichnen, wo die Architektur eines Sicherheitskonzepts bereits vorbereitend Angriffsaktivitäten feststellen, loggen und verzeichnen kann. Hierunter fällt bspw. der Teilbereich der „Intrusion Detection", der mit Hilfe von Intrusion Detection Systemen die gesamte Infrastruktur ständig überwacht und auffälliges Verhalten an die Incident Response-Stelle meldet.

Die Sicherung von Systemen gegen einen Einbruch ist Aufgabe des Security Engineering. Ein weiterer sehr interessanter Teilbereich der IT-Security ist die Erkennung und Analyse eines Einbruchs oder Einbruchsversuchs, was mit verschiedenen Zielsetzungen ausgeführt werden kann. Für diese Analyse bietet der Markt eine unzählige Anzahl an Werkzeugen an, die mit ihrem Funktionsumfang die Erkennung des Angriffs und den gesamten forensi-schen Prozess abdecken können. Die Analyse einer kleinen Auswahl dieser Werkzeuge ist die Zielsetzung der vorliegenden Arbeit.

Verständlich ist in diesem Zusammenhang, dass interne Verfahrensweisen der Banken vertraulich sind und nicht veröffentlicht werden dürfen. Deshalb wurde für die wenigen verwendeten internen Angaben keine Freigabe erteilt so dass Quellverweise unkenntlich gemacht werden mussten.

2 Wirtschaftskriminalität in Kreditinstituten

Die Kriminalstatistiken der deutschen Innenministerien gliedern kriminelle Aktivitäten in mehrere thematische Teilbereiche. Jede dieser Gruppierung erfüllt eigene Besonderheiten und Zielsetzungen. Angriffe auf Unternehmen und wirtschaftlich tätige Personen, die sowohl aus dem Inneren der Unternehmung wie auch von unternehmensfremden Personen durchgeführt werden und auf den wirtschaftlichen Hintergrund des Angriffsobjekts abzielen, fallen in den Bereich der Wirtschaftskriminalität. Der Begriff bezieht sich generell auf alle kriminellen Aktivitäten, die sich im Zusammenhang mit Unternehmen und des Wirtschaftskreislaufs bewegen.

Das Bundesministerium des Inneren [BMI11] definiert Wirtschaftskriminalität im Wesentlichen als *„Bereicherungskriminalität, die verübt wird im Zusammenhang mit der [...] Erzeugung, Herstellung und Verteilung von Gütern oder der Erbringung und Entgegennahme von Leistungen des wirtschaftlichen Bedarfs"*. Eine genaue, rechtlich eindeutige und einheitliche Definition gibt es jedoch nicht [BMI11].

Der Bankensektor ist ein fundamentaler Bestandteil des Wirtschaftskreislaufs. Als die zentrale Stelle der wirtschaftlichen Geldflüsse und durch die engen Verflechtungen mit der Wirtschaft, stellt der internationale Bankensektor ein Machtgefüge dar, das selbstverständlich auch auf kriminelle Energien attraktiv wirkt. Der Finanz- und Bankenplatz offeriert Dienstleistungen, die kriminelle Aktivitäten fördern und erleichtern. Als eines der wichtigsten Beispiele ist hier die Geldwäsche zu nennen.

Angriffe auf Kreditinstitute können umfangreiche und unterschiedliche Auswirkungen haben. Neben dem materiellen Schaden, den ein Angriff auslösen kann (erpresste Zahlungen, Zerstörung von Daten und Hardware) gehen Schätzungen davon aus, dass 90% der erfolgten Datensabotage und -ausspähung nicht gemeldet werden, weil Angst vor weiteren Reputationsschäden besteht [SIEN94]. Dies ist insbesondere bei Kreditinstituten ein sehr kritischer Punkt, da Finanzdienstleistungen sehr homogen sind und stark durch Image und Markenwert der Bank beeinflusst werden.

Durch Verschiebungen der kriminellen Aktivitäten in den Bereich der elektronischen Datenverarbeitung und die bankenspezifisch hohe Geschäftsprozessautomatisierung und damit einhergehende großen und kritischen Datenmengen sind Banken in hohem Maße gefährdet.

Wirtschaftskriminalität umfasst demnach mehrere nicht klar abzugrenzende Delikttypen, die teilweise der Computerkriminalität zugeordnet werden können.

2.1 Delikttypen

Das Strafgesetzbuch und diverse Strafnebengesetze[1] definieren eine Großzahl von Delikttypen, die unterschiedlich stark dem Bereich der Wirtschaftskriminalität zugeordnet werden können. Die wichtigsten Delikte in Bezug auf Kreditinstitute sind in nachfolgender Aufzählung genannt:

- Betrug und Veruntreuung

- Korruption

- Erpressung

- Datendiebstahl, Spionage und Konkurrenzausspähung

- Veränderung und Beschädigung von Daten (Sabotage)

Wenn die oben angeführten Delikte unter Zuhilfenahme von EDV-Systemen durchgeführt werden, liegt eine sogenannte Computerstraftat [DUDE07] vor.

Um an die Daten des angegriffenen Unternehmens zu kommen um damit kriminelle Handlungen vollziehen zu können, ist es notwendig, dass sich der Angreifer Zugriff (technisch) oder Zutritt (physisch) verschafft. Häufig ist diese Zuordnung jedoch nicht eindeutig, da Angreifer sich ggf. mit Methoden des Social Engineering[2] Zutritte ermöglichen, die den technischen Zugriff (für Serverräume oder Büros mit Netzwerkanbindung) erleichtern [MISI06a, S. 192].

---

[1] Situation in Deutschland. Andere Länder haben ähnliche Gesetze in landestypischer Weise in Anwendung.

[2] Nach [MISI06a] bezeichnet Social Engineering die Nutzung von Techniken zur Überzeugung und Täuschung von Menschen und die Ausnutzung der Hilfsbereitschaft und Höflichkeit zu unethischen Zwecken.

2.2 Angriffsarten

Während es diverse Angriffsarten gibt, die nur die Zielsetzungen der Schädigung ohne finanzielle Vorteilsverschaffung haben und meist beliebige Opfer ausgesucht werden, sind die Angriffsarten, die unter den Bereich der Wirtschaftskriminalität fallen, davon abzugrenzen. Diese sind meistens dazu geeignet, dem Angreifer einen Vorteil zu bringen, der sich auch durch die Reduktion der Wettbewerbsfähigkeit des Angegriffenen zeigen kann. Der Schwerpunkt der vorliegenden Arbeit liegt auf diesen Angriffsarten. Auch Malware kann genutzt werden, um den Angriff zu ermöglichen oder zu vereinfachen (bspw. Trojaner), und muss von den Programmen differenziert werden, die rein vandalistische Ansätze verfolgen (bspw. div. Viren). Eine große deutsche Bank hat in ihrem internen „whistle blowing"-Formular die Angriffsarten Denial of Service (DoS), Spionage, Sniffing, Intrusion/Hack, unautorisierte Benutzung und probing/scan zur Auswahl aufgelistet [BANK10], welches einen guten Überblick über die Angriffsarten gibt, mit denen Banken derzeit rechnen.

Die im weiteren Verlauf durchleuchteten forensischen Untersuchungswerkzeuge beziehen sich auf den klassischen Hacker-Angriff im Sinne eines Systemeinbruchs. Hierbei hat der Hacker eine bekannte oder neue Schwachstelle im Zielsystem, sogenannte Exploits [MISI06b, S. 76], gefunden und nutzt diese um mit Administrationsrechten das System zu eigenen Zwecken zu nutzen oder zu stören. Häufig werden die Sicherheitslücken von den Herstellern entdeckt und Patches zur Verfügung gestellt, bevor erste Exploits auf dem Markt existieren. Dies ermöglicht den Angriff im Zeitraum zwischen der Veröffentlichung des Exploits und der Patchinstallation.

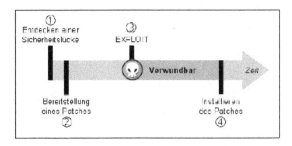

Abbildung 1: Von der Lücke zum Exploit [LUTH04, S. 10]

Diese Angriffe können über verschiedene Tools erkannt (Intrusion Detection Systeme) und auf hinterlassene Spuren untersucht (IT-Forensik) werden.

Die Aufklärung anderer Arten von wirtschaftskriminellen Aktivitäten können ggf. auch durch andere Werkzeuge unterstützt werden. Eine kurze Darstellung dieser Möglichkeiten findet sich in den Kapiteln 2.2.1 Externe Angriffsarten und 2.2.2 Interne Angriffsarten.

Auch die wirtschaftlichen Folgen unterscheiden sich stark zwischen den verschiedenen Angriffsarten und Zielsetzungen des Täters. Einen großen Einfluss auf die Schadenshöhe hat auch der Zeitpunkt der Erkennung, was im Wesentlichen durch die eingesetzten Intrusion Detection Systeme (IDS) bestimmt wird und durch das Verhalten nach dem Bekanntwerden des Angriffs (Incident Response). Während eine hohe Qualität des IDS eine frühe Erkennung und schnelle Schadensvermeidung ermöglicht, ist ein ausgeklügeltes und gefestigtes Incident Response System die Grundlage für zeitnahe und korrekte organisatorischen Prozesse und Entscheidungen, die eine genauere Abschätzung des Schadensausmaßes ermöglichen und die Tätersuche beschleunigen und vereinfachen.

Auch wenn diese Vorbereitungen die Kosten des Angriffs reduzieren, so lässt sich die Schadenshöhe meist nur schwer beziffern. Insbesondere die Kosten des Reputationsverlustes, wenn Informationen über das Eindringen und den Datendiebstahl in der Öffentlichkeit bekannt werden, lassen sich nur schwer abschätzen [SPIE11b]. Schadensersatzforderungen von Dritten die über oder durch lokale Versäumnisse ausgelöst werden oder verloren gegangene – und damit vielleicht nicht mehr nachvollziehbare - Ausgangsrechnungen können direkte Kosten verursachen. Mit exorbitanten Millionenforderungen sind schweizerische und liechtensteinische Kreditinstitute erpresst worden, denen Kundendaten abhanden gekommen sind[3]. Doch auch die Wiederherstellung gelöschter Daten, sofern dies möglich ist, benötigt hohe zeitliche Investitionen und verursacht damit hohe Kosten in den Unternehmen.

Wie weitreichend die Auswirkungen der unterschiedlichen Angriffsarten sind, hängt auch stark von der Motivation der Angreifer ab. Eine Studie [PwC09] findet fünf verschiedene

---

[3] Im bekannten Fall der „Steuersünder-CD" ging die Bank nicht auf die Erpressung ein. So wurde die CD an die Bundesrepublik Deutschland verkauft, die sich durch steigende Steuereinnahmen bzw. Identifizierung von Steuersündern einen finanziellen Vorteil durch die gespeicherten Daten erhofften [SPIE10].

Grundtypen von Angreifern die unterschiedliche Motivationen haben. Je nach Motivation und Stellung zum Angriffsobjekt ergeben sich auch unterschiedliche Angriffsarten die in nachfolgender Tabelle kurz dargestellt sind.

	Motivation	Angriffsarten
Der Visionär	Ehrgeizig, egozentrisch, Machtbesessen. Angriff erfolgt zur Stillung seiner materiellen Bedürfnisse.	Interne und externe Angriffe die einen finanziellen Vorteil für den Angreifer bringen. Hierbei werden betriebsinterne Regelungen und Gesetzte ignoriert.
der frustrierte Visionär	Er will gutes Tun und fühlt sich daran gehindert oder nicht verstanden. Ziele sind altruistisch.	Interne Angreifer umgehen unternehmerische Regelungen, da diese nach deren Verständnis nachteilig für das Unternehmen sind.
der narzisstische Visionär	Er ist von sich überzeugt und will dies von seinem Umfeld bestätigt bekommen. Anerkennung ist ihm wichtig.	Externe Angreifer, die einen Wettkampf um den „schwersten" Einbruch ausfechten.
der Abhängige	Er ist emotional Abhängig von anderen und deren Bestätigung und Lob. Lässt sich wegen Verlustängsten auch leicht unter Druck setzen.	Notwendige Vertuschungen oder „Gefallen" führen den Täter zur Tat. Dies kann über Social Engineering von außen oder durch Zwang von Innen kommen.
der Naive	Er handelt unüberlegt, naiv und leichtgläubig. Wenn Forderungen an ihn Herangetragen werden, erfüllt er diese ohne nachzudenken.	Einfaches Opfer für Social Engineering. Mitarbeiter, der leicht zu kriminellen Handlungen gebracht werden kann.

Tabelle 1: Täterprofile und Angriffe [nach PwC09]

Da in der Studie der Motivationstypus des „Zerstörers" fehlt, ist dieser gesondert zu nennen. Der „Zerstörer" schädigt den Angegriffenen aus Rache oder anderen niederen Beweggründen ohne einen mittelbaren finanziellen Vorteil zu erhalten. Auch die Spionage ist in der Studie nicht erwähnt worden. Bei der Wirtschaftsspionage wird ein Unternehmen von einem anderen Unternehmen angegriffen und ausspioniert um dem Angreifer eine Vorteilnahme zu ermöglichen. Zusätzlich gibt es nach [GESC04] noch politische/staatliche Täter, die neben der Wirtschaftsspionage auch nachrichtendienstliche oder terroristische Aufklärung mit Hilfe der Computerkriminalität betreiben.

GESCHONNECK [GESC04, S. 15] gliedert die Motivationen in folgende Gruppen: soziale, technische, politische, finanzielle und staatlich-politische Motivation. Es lassen sich große Überschneidungen zur Studie der PwC entdecken.

Banken und Kreditinstitute sind speziellen Risiken ausgesetzt, wobei ein Großteil der Angriffe auf den Bankkunden statt auf die Infrastruktur der Bank abzielt. Da der Mensch häufig das „schwächste Glied der Kette" ist [MiSi06a, S. 19f.], ist dieser auch ein häufiges Angriffsziel. Im Zusammenhang mit Banken sind hier insbesondere Phishing[4]-Angriffe über Spammails zu nennen, die unbedarften Kunden PINs und TANs entlocken. Entwicklungen in den Sicherheitskonzepten der Banken konnten durch Verbesserungen des Verfahrens das Risiko verringern (bspw. durch iTAN oder mTAN), es gibt aber weiterhin diverse Vorfälle. Auch deswegen scheinen sich die Angriffsarten auf Kreditinstitute zu verändern und mehr auf das Eindringen in das Netzwerk abzuzielen [HAKöOs11]. Alleine für das Jahr 2011 finden sich u.a. Angriffe auf Kreditkartendaten der Citibank, Einbrüche in das Homebanking der Hypo-Vereinsbank, ein Trojaner-Angriff auf diverse Belgische Konten und vieles mehr. Neben dem Zugriff auf Konten bieten Daten und Informationen, die in Kreditinstituten verarbeitet werden wertvolle Insider-Informationen, die an der Börse Milliardengewinne bescheren können [HAKöOs11].

2.2.1 Externe Angriffsarten

Ein externer Angriff ist die Aktion eines Angreifers, die ohne die Unterstützung des bedrohten Systems durchgeführt wird [ECKE09, S. 181]. Bezogen auf den Bereich der Kreditinstitute heißt das, dass keine bankeigenen Mitarbeiter involviert sind, die den Angriff selbst durchführen oder unterstützen. Angriffe, die sich den Maßnahmen des Social Engineering bedienen und dadurch durch unauffällige Aktivitäten innerhalb des Bankgebäudes „Hilfe" von gutgläubigen Mitarbeitern erhalten, zählen meistens auch zu den externen Angriffen, da die Mitarbeiter selbst keine kriminellen Ziele verfolgt und lediglich durch mangelnde Sensitivität in den Sicherheitsbereichen die Sicherheitslücken öffnen [MiSi04].

---

[4] Phishing ist ein Kunstwort, das aus Password und Fishing zusammengesetzt ist und das Beschaffen von Passwörtern bezeichnet. Dies erfolgt im Zusammenhang mit Onlinebanking meist über falsche Emails und Webseiten, die vorspiegeln von der Bank des Angegriffenen zu sein und ihn zur Eingabe auffordern.

Es gibt Angriffsarten, die explizit durch die Tätigkeit des Angreifers möglich sind und daher an die Person oder dessen Rolle geknüpft sind. Hierunter fallen bspw. die Tatbestände des „Management Override"[5], die Untreue und Unterschlagung sowie Betrug. Andere Angriffe sind am Angriffsobjekt festzumachen, bspw. den Unternehmensdaten oder an Gegenständen im Besitz des Unternehmens. Ein Angriff hierauf ist auch von außen möglich, in dem man sich den Zugriff auf einen Mitarbeiter oder das Objekt verschafft.

Die Beiden bereits angesprochenen Punkte der reinen Sachbeschädigung und der politischen Spionage sind ebenfalls den externen Angriffen zuzuordnen. Das klassische „Defacing", also das Entstellen oder Verändern von Webseiten ist eine Art Wettkampf der Cracker[6] und dient meistens der Anerkennung im entsprechenden sozialen Umfeld. Eine der bekanntesten Webseiten, die von Crackern defaced wurden, ist die Seite des Weißen Hauses [MiSi06b, S. 67f.].

Aufgrund immer weiter verbreiterter Computerkenntnisse entwickeln sich Hacks neuerdings auch als eine Art politisches Statement, unabhängig von einem staatlichen Anschlag. Als Beispiele kann man hier den (erfolgreichen) Angriff auf PayPal im Jahr 2010 nennen, den eine Hackergruppe durchgeführt hatte, da PayPal die Weiterleitung von Spenden an WikiLeaks[7] verweigert hatte [MaMa10] oder die Angriffsserie auf Polizeiserver nach der Verhaftung von *Anonymus*[8] [Spie11a].

Man vermutet, dass Terroristen vor dem Anschlag des 11. September auf das World Trade Center in New York versucht haben, Pläne und Unterlagen der Boeing-Flugzeuge über einen Systemeinbruch zu stehlen und im Rahmen der späteren Flugzeugentführung zu nutzen [MiSi06b, S. 51ff.].

Die Finanzkrise der letzten Jahre hat gezeigt wie sensibel die Weltwirtschaft auf negative Meldungen aus der Finanzbranche reagieren kann. Die schlechte Marktlage kann zu Insolvenzen großer Banken führen und dies wiederrum eine Kettenreaktion auslösen. Deswegen

---

[5] Unter dem Begriff „Management Override" werden Sachverhalte subsummiert in denen das Top Management ihre herausragende hierarchische Stellung nutzt, um Unternehmensregularien zu umgehen.

[6] mehrheitlich die jugendlichen und unerfahrenen sog. „Script Kiddies"

[7] WikiLeaks war eine unter dem Vorwand der Demokratie geführte Website, die diverse Geheimunterlagen der Regierungen westlicher Länder veröffentlicht hatte. Die Transparenz in politischen und diplomatischen Diskussionen und Entscheidungen führte zu diversen Skandalen und Disputen.

[8] Hacker-Gruppe die u. a. mit der DoS-Attacke gegen PayPal in Verbindung gebracht wird.

stehen nach Erkenntnissen von US-Sicherheitsbehörden auch die großen westlichen Banken in Fokus von terroristischen Organisationen, die Hacker-Angriffe planen können [ZDN06]. Mögliche Angriffe zur Störung des Ablaufs könnten DoS-Attacken auf den Zahlungs- und Interbankenverkehr sein[9] oder die Durchführung von Transaktionen unter Vortäuschung einer falschen Identität, was zu weitreichenden Schäden führen würde. Demnach besteht eine hohe Anforderung an die Sicherheitsarchitekturen von Banken [ECKE09, S. 814].

2.2.2   Interne Angriffsarten

Ein interner Angriff wird von Personen durchgeführt, die zum engeren Kreis des Unternehmens gehören. Hierbei kann es sich sowohl um „Komplizen" handeln, die von externen Angreifern überzeugt wurden, wie auch um Personen, die selbst kriminelle Zielsetzungen verfolgen [GESC04, S. 19]. Der Gesamtverband der deutschen Versicherungswirtschaft [GDV03] geht davon aus, dass ein Anteil von bis zu 40% der Angriffe von internen Tätern durchgeführt wird. Die Studie der CSI [RICH08] präsentiert ein ähnliches jedoch nicht so deutliches Bild (Abbildung 2): ein Teil der untersuchten Unternehmen führen einen mäßigen bis hohen Anteil der verursachten Schäden auf Mitarbeiter zurück. Die abweichenden Aussagen resultieren u. a. aus einer hohen und nur schwer abschätzbaren Dunkelziffer und somit leider nur wenig genauen Statistiken [GESC04, S. 21].

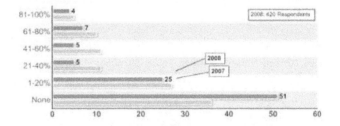

Abbildung 2: Prozentualer Anteil an Schäden durch interne Angreifer [RICH08]

---

[9] bspw. auf das SWIFT- oder TARGET2-Netzwerk

Bei der Evaluation von Statistiken ist demnach zu berücksichtigen, dass interne Angriffe häufig nicht festgestellt oder gemeldet werden. Auch können die Schäden von internen Angriffen häufig nicht genau evaluiert werden, was die vorliegende Statistik ebenfalls verfälscht.

Eine besondere Gefahr geht von frustrierten oder entlassenen Personen aus, die aufgrund ihrer betrieblichen Tätigkeit weitreichende Rechte in der Technologie-Landschaft haben. Hierunter fallen beispielsweise Systemadministratoren, die mit Hilfe ihres regulären Benutzerprofils Zugriff auf Server und Daten haben und so entweder Diebstahl betreiben können oder sich über Malware back-doors schaffen, mit deren Hilfe sie später noch in das Unternehmensnetzwerk eindringen können. Durch die einfachen Möglichkeiten des oberen Managements interne Kontrollverfahren zu umgehen (Management Override), ist es nicht verwunderlich, dass bis zu 30% der internen Angriffe von Personen des Top Managements durchgeführt werden [KROL08]. Spezielle, unbeeinflussbare technische Kontrollen könnten Schutz gegen diese eher organisatorische Aktivitäten bieten, so dass Ausnahmen unbeeinflussbar nicht möglich sind.

Die genaue Betrachtung der möglichen Angriffsarten von Innentätern führt zu dem Ergebnis, dass die Barrieren einfacher zu durchbrechen sind als von externen Angreifern. Insbesondere wenn Personen in Schlüsselpositionen Gründe finden, sich oder Dritten einen Vorteil oder dem Unternehmen einen Nachteil zu verschaffen.

Der für Betrug und Veruntreuung nötige Zugriff auf Datenbestände oder Prozesse kann sowohl zum Nutzungskonzept des Mitarbeiters gehören, als auch durch Fehler oder Fälschungen erlangt sein. Wenn die nötige kriminelle Energie beim Mitarbeiter vorliegt, kann dieser sich die Vermögensgegenstände des Unternehmens zu Eigen machen und damit zu einem Schaden beim Unternehmen führen. Hierzu ist es meistens nötig, einen Weg zu finden, interne Sicherungsprozesse zu umgehen.

In Banken kann das Umfeld und die ständige Präsenz von großen Geldbeträgen zu einer Verharmlosung von kriminellen Aktivitäten führen und den Mitarbeiter ermutigen bei Entdecken einer Sicherheitslücke diese zu nutzen. Demnach sollten Banken höchsten Wert darauf legen, dass Entscheidungen die einen Mittelabfluss vom Unternehmen bewirken immer durch mehrere Kontrollinstanzen überprüft werden, auch wenn es sich um wiederkehrende, aber vermeintlich kleine Beträge handelt.

3   Security Engineering und digitale Forensik in Kreditinstituten

Seit mehreren Jahrzehnten werden große Teile der betriebswirtschaftlichen Aktivitäten mehr und mehr durch (teil-)automatisierte Abwicklung von Rechnernetzen unterstützt, was eine immer umfassendere Datensammlung mit sich bringt. Je mehr Daten digitalisiert vorliegen, desto gravierender sind Auswirkungen der Angriffe auf diese digitalen Datenspeicher und -prozesse der Unternehmen. Insbesondere aufgrund der sensiblen Daten und der mit der Technologiestruktur zusammenhängenden Informationstiefe der Kreditinstitute ist dies eines der gefährdetsten Branchen der Wirtschaft.

Es ist daher nachvollziehbar, dass auch der Bereich der IT-Sicherheit in der Wirtschaft und den Kreditinstituten immer größeren Stellenwert gewann und sowohl technische wie organisatorische Möglichkeiten gesucht wurden, die Entwicklung der Computerkriminalität einzudämmen. Als Beispiel ist der IT-Grundschutzkatalog des Bundesamtes für Sicherheit in der Informationstechnik zu nennen, das eine umfassende Liste von Bedrohungen und möglichen Gegenmaßnahmen nennt und entsprechende Handlungsanweisungen für Unternehmen formuliert[10].

Während die Prozesse des Security Engineering primär ein technisches Umfeld schaffen sollen, in dem die Gefahr von absichtlichen und unabsichtlichen Schädigungen so weit möglich reduziert wird, sollen die forensischen Aktivitäten Auswertungen von Beweisen im Nachhinein ermöglichen. Diese Analysen werden durch die Implementierung eines durchdachten und professionellen Sicherheitskonzepts zusätzlich stark vereinfacht.

3.1 Definition und Zielsetzung des Security Engineering

Die Maßnahmen, die mit der Zielsetzung der IT-Sicherheit durchgeführt werden, werden als Security Engineering bezeichnet. Hierbei geht es um den Aufbau und den Betrieb von Securitykonzepten und –prozessen, die Gefahren erkennen und Gegenmaßnahmen etablieren.

---

[10]   Detaillierte   Informationen   findet   der   interessierte   Leser   u.   a.   unter https://www.bsi.bund.de/cln_165/DE/Themen/ITGrundschutz/itgrundschutz_node.html

Neben „aktiven" Angriffen zählen auch „passive" Gefahren dazu, die aus dem Verlust oder Ausfall von Daten und Systemen resultieren, die unbeabsichtigt auftreten. Auch für den Fall von Hardwareschäden und Naturkatastrophen gibt es Sicherungskonzepte.

Dem Security Engineering liegt dabei ein Vorgehensmodell zu Grunde das eine Analyse des berücksichtigten Systems vornimmt, ein Sicherheitskonzept etabliert und die Überwachung des Konzepts sicherstellt. Die allgemeinen Konstruktionsprinzipien sind hierbei anerkannt und unterstützen bei der Definition der Berechtigungskonzepte [ECKE09, S. 168].

3.1.1 Allgemeine Konstruktionsprinzipien

Bereits zu Beginn der elektronischen Datenverarbeitung haben sich Konstruktionsprinzipen ergeben, die bis heute die Basis des Sicherheitsmanagements darstellen [ECKE09, S. 168f.]. Die nachfolgend genannten fünf Prinzipien sind die wichtigsten und bekanntesten und sollten auch beim IT-Management von Kreditinstituten dringend Anwendung finden, um Angriffe aus dem Innern des Unternehmens zu vermeiden. Nach [MÜLL10, S. 158ff.] gibt es noch unzählige mehr, auf deren vollständige Nennung aus Platzgründen verzichtet wird.

Das **Erlaubnisprinzip** definiert dabei die Empfehlung, dass den User grundsätzlich alles verboten sein soll, sofern er nicht explizit dafür die Erlaubnis erhalten hat.

Das **Vollständigkeitsprinzip** fordert, dass jede Aktivität des Benutzers kontrolliert wird und gegen die aktuellen Rechte abgeglichen wird. Eine Ausnahme von der Vollständigkeit kann „Hintertüren" öffnen, um die Rechteeinschränkungen zu umgehen.

Das **Prinzip der minimalen Rechte** fordert den Umfang der Rechte so minimal wie möglich. Jeder Benutzer soll nur die Rechte erhalten, die auch dringend für seine Tätigkeiten notwendig sind.

Das **Prinzip der Benutzerakzeptanz** fokussiert im Gegensatz zu den anderen nicht auf technische Lösungen sondern stellt die Handlungsweisen des Nutzers in den Mittelpunkt. Erst ein einfaches und verständliches System und die Sensibilität des Benutzers für den Sinn der Regelungen führt dazu, dass dieser die technischen Anforderungen nicht auszuhebeln versucht. Nur so kann bspw. vermieden werden, dass die Passwörter desktopnah frei zugänglich notiert werden, das Passwort leicht zu erraten ist oder an Kollegen weiter gegeben wird [STUB02].

Da die Sicherheit eines Systems nicht von der Geheimhaltung abhängen darf, besagt das **Prinzip des offenen Entwurfs** dass die Sicherheitssysteme die nötige Sicherheit bieten müssen auch wenn sie offen dargestellt werden.

3.1.2   Bedrohungsanalyse und Schutzbedarf

Nachdem die Konstruktionsprinzipien bekannt sind, ist im Rahmen eines Engineering-Prozesses eine Analyse der Bedrohungen durchzuführen, die den individuellen Schutzbedarf des Unternehmens definiert. ECKERT [ECKE09, S. 181f.] schlägt hierfür die Erstellung einer Bedrohungsmatrix oder eines Bedrohungsbaumes vor. In beiden Fällen wird die Angriffsart und die Möglichkeiten der Durchführung analysiert und entsprechende Gegenmaßnahmen ermittelt.

Die hierbei ermittelten Bedrohungen können wie folgt klassifiziert werden [ECKE09, S. 181]:

- Bedrohungen durch externe Angriffe

- Datenintegrität und Informationsvertraulichkeit (Umgehen interner Kontrollen)

- Abstreiten durchgeführter Aktionen

- Spezialisten mit Insider-Wissen

- Rechtemissbrauch/Ausnutzen von Vertrauensstellungen

3.1.3   Sicherheitsarchitektur

Wenn nun die Ziele und die möglichen Risiken bekannt sind, kann ein IST- und SOLL-Zustand definiert werden, der im Rahmen des Engineering-Prozesses angeglichen werden soll. Dies erfolgt zum einen durch die Orientierung an den **Grundfunktionen vertrauenswürdiger Systeme** [ECKE09, S198ff.] die sich wie folgt darstellen:

- Identifikation und Authentifikation

- Rechteverwaltung

- Rechteprüfung

- Beweissicherung

- Wiederaufbereitung

- Gewährleistung der Funktionalität

und zum Anderen an allgemeinen **Schutzzielen**, die erreicht werden sollen [ECKE09, S6ff.]:

- Authentizität

- Integrität

- Informationsvertraulichkeit

- Unzulässiger Informationsfluss

- Verfügbarkeit

- Verbindlichkeit

- Anonymisierung und Pseudomisierung

Unter Berücksichtigung dieser Punkte ist eine allgemeine Sicherheitsarchitektur zu definieren und umzusetzen, was sowohl technisch als auch organisatorisch aufwändig und komplex ist. Die Architektur muss alle Risiken ausschalten oder reduzieren, dabei gesetzliche Rahmenbedingungen einhalten und unterstützen, darf dabei aber den betrieblichen Ablauf nicht unnötig stark einschränken. Diesen Trade-Off bestmöglich aufzulösen ist Aufgabe der entsprechenden Sicherheitsingenieuren des Unternehmens.

Während sich diese Vorgaben auf die interne Sicherheitsarchitektur beziehen, kommt bei Kreditinstituten ein weiteres großes Thema hinzu. Die Legitimation von Kunden bei der Abwicklung des elektronischen Zahlungsverkehrs. Im Privatkundenbereich wird meistens das Protokoll FinTS (ehemals HBCI) und Internetbanking über PIN/TAN-Verfahren genutzt. Hierbei ist die Herausforderung das Verfahren auch in Bezug auf Phishing-Attacken zu sichern. Die Legitimationsverfahren im Firmenkundenbereich sind wesentlich detaillierter und komplexer. Während die Großbanken mehrere Standard-Tools anbieten, die von Kunden genutzt werden können und entsprechende gesicherte Schnittstellen und Gateways implementiert sind, gibt es auch Großkunden die proprietäre Formate verwenden wollen.

Diese Tools und individuelle Lösungen ermöglichen die automatisierte Einbindung in Geschäfts- und Abstimmprozesse der Kunden, bspw. die Andienung der Gehaltszahlungen zur Bank direkt aus dem Personalabwicklungssystem. Hierbei können Kunden auch eigene Legitimationslösungen wie verteilte elektronische Unterschriften fordern. Hier ist vorstellbar, dass die Gehaltszahlungen automatisch aus dem Ungarischen Rechenzentrum angedient werden, von der Personalabteilung in London auf rechnerische Richtigkeit bestätigt und vom Geschäftsführer in Frankfurt freigegeben werden muss. Die Technik muss in all diesen Teilschritten die Vertraulichkeit und die Integrität gewährleisten und sicherstellen, dass die Autorisierungen korrekt sind.

3.2 Definition und Zielsetzung digitaler Forensik

Die digitale Forensik, auch IT- oder Computer Forensik genannt, beschreibt die Tätigkeiten, die mit der Gewinnung und Sicherung von Beweisen nach Systemeinbrüchen oder anderen digitalen Angriffen in Verbindung stehen. Die Analysen der digitalen Forensik müssen dabei so aufgesetzt werden, dass die Beweise der Wirtschaftsstraftaten gerichtsverwertbar und vollständig vorliegen. Die Beweissammlung dient hierbei sowohl der Aufklärung von Straftaten die direkt IT-bezogen sind, bspw. illegales Eindringen in das Unternehmensnetzwerk, aber auch der Aufklärung von Straftaten, die nur digital „dokumentiert" sind, was beispielsweise durch Email-Verkehr zu korruptionellen und betrügerischen Handlungen erfolgt.

Die wichtigsten Fragen, die im Rahmen einer forensischen Untersuchung beantwortet werden sollen, zielen auf die beteiligten Personen, die Zeiträume und die Aktivität ab und untersuchen die Lücken im Sicherheitskonzept, die zu dem Problem geführt haben kann [GESC04, S. 55]. Für forensische Untersuchungen im Zahlungsverkehr der Kreditinstitute liegt ein Schwerpunkt in der Sicherstellung der Identitäten bei der Beauftragung von Banktransaktionen.

Das BSI definiert für deren Leitfaden „IT-Forensik" [BSI11, S. 8] den Begriff wie folgt: *„IT-Forensik ist die streng methodisch vorgenommene Datenanalyse auf Datenträgern und in Computernetzen zur Aufklärung von Vorfällen unter Einbeziehung der Möglichkeiten der strategischen Vorbereitung insbesondere aus der Sicht des Anlagenbetreibers eines IT-Systems".*

3.2.1 Beteiligte Personen

Während große Unternehmen und Banken interne IT-Sicherheits- und Forensikabteilungen etablieren können, lohnt es sich in kleinen oder mittelständischen Unternehmen nicht, das dringend notwendige und umfassende Fachwissen aufzubauen. Hier wird im Regelfall auf externe Spezialisten gesetzt, die Unternehmen bei der Durchführung forensischer Untersuchungen unterstützen.

Unabhängig von der Größe des Unternehmens müssen sich die forensischen Teams aus unterschiedlichen Disziplinen zusammensetzen, um alle Anforderungen zu erfüllen. Eine große deutsche Bank gliedert ihr IT-Forensik-Team in ihrer Konzernrichtlinie entsprechend der Aufgaben in technische (Mitarbeiter der IT Security), nicht-technische (Interne Revision), juristische (Rechtsabteilung), personalrelevante (Personalabteilung) und der Compliance zugeordnete Bereiche [BANK10]. Das Team setzt sich also in der Regel aus Juristen, Revisoren, Wirtschaftsprüfern (bei finanziellen Aktivitäten), IT- und Netzwerkspezialisten und Projektmanager zur Koordination zusammen [GESC04, S. 40]. In der selben Richtlinie ist vermerkt, dass das Forensik-Team einen engen Kontakt zum Senior oder Top Management pflegt, da auf dieser Ebene wichtige Entscheidungen getroffen werden müssen. Desweiteren wird die zentrale Abteilung zur Unternehmenskommunikation eingebunden um über interne und externe Kommunikationswege zu entscheiden.

Insgesamt ist aber darauf zu achten, dass der Kreis der involvierten Personen möglichst klein gehalten wird, da man nicht immer ausschließen kann, dass einer davon am Angriff beteiligt war.

3.2.2 Vorgehensmodelle

Obwohl es mittlerweile klare gesetzliche Regelungen und Rechtsprechungen gibt, konnte sich aufgrund der heterogenen Angriffsstruktur und Systemlandschaften bislang kein einheitliches Vorgehensmodell durchsetzen. Leidglich Grundsätze sind bekannt und zu berücksichtigen, jeder einzelne Schritt ist dann aber vom Experten zu entscheiden und zu planen.

Trotzdem haben sich einzelne Verfahrensweisen als sinnvoll herausgebildet, die im Wesentlichen in wenige Schritte eingeteilt werden können. Das BSI untergliedert in deren

Leitfaden [BSI11, S. 60] den zeitlichen Ablauf einer forensischen Untersuchung in die Schritte strategische Vorbereitung (SV), operationale Vorbereitung (OV), Datensammlung (DS), Untersuchung (US), Datenanalyse (DA) und Dokumentation (DO).

GESCHONNECK [GESC04, S. 56f.] gliedert die Ermittlung in die Phasen Vorbereitung, Schutz der Beweismittel, Imaging, Untersuchung und Bewertung und Dokumentation. Später auch wie DOLLE in die drei Schritte Sichern, Analysieren und Präsentieren.

Die IT-Forensik Richtlinie einer großen deutschen Bank gliedert die Untersuchung nach einer Erkennung oder Meldung in die Schritte „Vorgelagerte Untersuchung", „Formale Informationsaufnahme" und „detaillierte Auswertung der Informationssammlung" [BANK10]. Es gibt also unterschiedlich detaillierte Ansätze, die jedoch immer durch die Erkenntnis (Intrusion Detection) ausgelöst und dann sequenziell ausgeführt werden.

Während große Kreditinstitute und Unternehmen häufig eigene Richtlinien und Vorgehensmodelle definiert haben, entwickeln verschiedene Institute Modelle zur digitalen Forensik, die sich erwartungsgemäß im Laufe der kommenden Jahre vereinheitlichen oder sich verschiedenen Modelle als „Best Practice" herausbilden werden [BATU06]. Das „forensic process model" des US Justizministeriums, das „abstract digitals forensics model" und das „integrated digital investigation model" orientieren sich bei ihrer Detaillierung der Prozesse ebenfalls am S-A-P Modell und untergliedern dieses in bis zu 14 Einzelschritte. Hierbei wird beim umfangreichen integrated digital investigation model die Tatortanalyse auch in einen physischen und einen digitalen Tatort unterschieden und erweitert so die Untersuchungen um die klassischen Tätigkeiten der Forensik [BUTA06].

3.2.3 Wesentliche Anforderungen an die digitale Forensik

Insbesondere wenn die digitale Forensik eingesetzt wird, um gerichtsverwertbare Beweise zu sammeln, sind hohe Anforderungen an die Methoden und Prozesse gerichtet. Um die Beweisfähigkeit vor Gericht nicht zu gefährden, finden sich in der Literatur [u.a. SAJE00] nachfolgende vier Prinzipien:

- Keine Aktionen der Ermittler dürfen die Beweisfähigkeit vor Gericht vermindern

- In den Ausnahmefällen, dass eine Person das Originalobjekt direkt betreten oder untersuchen muss, ist sicher zu stellen, dass diese Person die fachlichen Fähigkeit besitzt, die Auswirkungen des eigenen Handelns abzuschätzen

- Eine Dokumentation aller durchgeführter Aktivitäten muss so erstellt werden, dass ein fachkundiger Dritter mit diesen Aktivitäten zum selben Ergebnis kommt

Bei der Untersuchung muss eine Person dafür Verantwortlich sein, dass diese Prinzipien eingehalten werden

Insbesondere der dritte Punkt zeigt, wie wichtig eine korrekte und professionelle Arbeitsweise als Forensiker ist und dass die Mitarbeiter und Prozesse großen Einfluss auf den Erfolg der Untersuchung hat.

4   Werkzeuge zur Unterstützung digitaler Forensik

Ebenso umfangreich wie die Möglichkeiten der wirtschaftskriminellen Aktivitäten sind auch die unterstützenden Werkzeuge. Das Fachgebiet ist dabei sehr breit und geht von der Analyse von ICQ-Chats [KIDARO08], spezieller Bildforensik [SEME08] über mobile Telefone, Smartphones und PDAs [WILL05] bis zu modernen Spielekonsolen wie die Play Station Portable [PANC08].

Um Angriffe auf die Datensicherheit in Unternehmen zu vermeiden, sind sowohl organisatorische wie auch technische Maßnahmen notwendig. Auch wenn ein Angriff erkannt oder gemeldet wurde ist es hilfreich, wenn das Unternehmen oder das Kreditinstitut bereits organisatorische Maßnahmen definiert, Früherkennungssysteme eingerichtet und technische Möglichkeiten der Forensik vorbereitet hat. Erst durch die Festlegung des „whistle blowing[11]"- und der „incident response[12]"-Prozesse ist es möglich, die Verantwortlichkeiten innerhalb des Unternehmens zuzuordnen und die Entscheidung über die Hinzuziehung externer Spezialisten oder der Strafermittlungsbehörden schnell zu treffen [GESC04, S. 37f.] und so korrekt und zeitnah zu reagieren.

Diese organisatorischen und technischen Maßnahmen können durch Softwareprodukte unterstützt werden, die sowohl kommerziell als auch frei zu erwerben sind. Die Zielsetzung dieser Software kann stark differieren, muss sich aber immer aus den bereits aufgeführten Gründen an den Vorgehensmodellen der digitalen Forensik orientieren und gewisse Bedingungen erfüllen.

4.1   Eigenschaften forensischer Werkzeuge

Um die Prinzipien der IT-Forensik zu erfüllen, müssen die Werkzeuge Eigenschaften aufweisen, die folgende Anforderungen an die Beweiserhebung nach [DOLL09] erfüllen:

---

[11] Als „whistle blowing" wird das Melden von Auffälligkeiten bezeichnet und kann bestenfalls auch von Personen erfolgen, die nicht direkt mit der IT Security betraut sind oder keine Mitarbeiter des Unternehmens sind. Bspw. die Commerzbank bietet über das Internet ein frei zugängliches „whistle blowing"-System an: https://www.bkms-system.net/bkwebanon/report/clientInfo?cin=coba31&language=ger

[12] „Incident Response" ist der gesamte organisatorische und technische Ablauf der gestartet wird, wenn ein Angriff gemeldet oder festgestellt wird.

- Akzeptanz: Die Erhebung der Beweisdaten muss akzeptiert und zulässig sein und den gesetzlichen Vorgaben genügen. Sollte die Erhebung der Daten als unzulässig oder gesetzeswidrig erkannt werden, so wird i. d. R. so verfahren, als wenn diese Beweise nicht vorliegen. Dies kann ein herber Rückschlag für die Ermittlungsbemühungen bedeuten.

- Ursache und Auswirkung: Die Zuordnung von Indizien auf Aktionen oder Personen ist unabdingbar, um als Indiz verwendet werden zu können. Ohne diese authentische und eindeutige Zuordnung kann das Indiz nicht verwendet werden.

- Wiederholbarkeit und Dokumentation: Die einzelnen Schritte werden so dokumentiert, dass diese von einem fachkundigen Dritten identisch wiederholt werden können und dies zu den gleichen Ergebnissen führt.

- Integrität und Vollständigkeit: Die ermittelten Beweise müssen jederzeit integer und nach den „common practices" ermittelt werden. Die Spuren dürfen nicht verändert werden. Die Untersuchung darf sich auch nicht nur auf eine einzelne Aktion beschränken, sondern muss immer auch die Aktionen beleuchten, die zu einer Entlastung der jeweiligen Personen führen können. Es ist also vollständig nach belastenden und entlasteten Aktionen zu suchen.

- Glaubwürdigkeit: Die Auswertungen der Analysen sind so aufzubereiten und zu dokumentieren, dass auch eine Person ohne technischen Hintergrund die Zusammenhänge versteht und die Robustheit der Methoden nachgewiesen werden kann. Dies stellt auch sicher, dass eine absichtliche Fehlinterpretation im Nachhinein ausgeschlossen werden kann.

Die gerichtliche Überprüfung der Tools und Verfahren in US-amerikanischen Gerichtsverhandlungen haben sich unter dem Namen *„Daubert Prozess"* etabliert und beziehen sich auf die Schwerpunkte *Testing* (Ist die Prozedur bereits getestet?), *Error Rate* (Gibt es eine statistische Fehlerquote?), *Publication* (Wurde die Prozedur öffentlich diskutiert?) und *Acceptance* (Hat die wissenschaftliche Gemeinschaft das Verfahren akzeptiert?). Mit diesem Kontrollprozess haben die Gerichte eine Verfahrensanweisung an der Hand um eine Aussage darüber treffen zu können, ob die gerichtlichen Anforderungen erfüllt sind [CARR02]. Nur wenn das Gericht feststellt, dass die genutzten Methoden sauber angewandt wurden und zuverlässige Ergebnisse liefern, wird der Beweis anerkannt.

4.1.1 Incident Response Prozesse

Der Schwerpunkt der Incident Response-Verfahren ist die schnelle und zielführende Reaktion auf die Angriffserkennung. Dies kann mit oder ohne das Wissen des Angreifers erfolgen. Die Schwerpunkte sollten hierbei darauf liegen, keine gerichtsverwertbaren Beweise zu zerstören und weiteren Schaden zu verhindern. Diese Tätigkeiten können sowohl intern (bspw. IT Security Officer oder Systemadministratoren) wie auch extern (bspw. Razzia von Ermittlungsbehörden) erfolgen und benötigen schnelle und wichtige Entscheidungen. Insbesondere bei Sicherstellung laufender Systeme ergibt sich für die Ermittler ein *Operating Dilemma* [SAJE00, S. 180]. Dem System zu erlauben, den aktuellen Prozess fertig zu stellen, kann die Beweise sowohl positiv wie auch negativ (im Sinne der Ermittlung) beeinflussen. Hierbei ist von den Ermittlern eine fundierte Entscheidung auf Basis der Umstände zu treffen, die natürlich auch entsprechend dokumentiert werden muss.

Generelle Empfehlung - die jedoch vom Einzelfall abhängt ist es, laufende Systeme nicht abzuschalten. Stattdessen sollte man die Verbindungen trennen um weitere Aktivitäten zu vermeiden, alle eigene Aktivitäten genau loggen und alles weitere auf externen Speichermedien und nicht mehr auf der Festplatte speichern [SAJE00, S. 181].

Die Feststellung eines Angriffs oder eines Systemeinbruchs ist immer mit wichtigen und zeitkritischen Entscheidungen verbunden, weshalb von Unternehmen dringende organisatorische Vorbereitungen zu treffen sind. Wenn ein Notfall erst mal eingetreten ist, ist es häufig schon zu spät organisatorische Entscheidungen zu diskutieren, denn dies kostet wertvolle Zeit [GESC04, S. 37].

Nach GESCHONNECK sollen im Rahmen dieser Vorbereitungen frühzeitig

- eine „Incident Awareness" entwickelt werden, dass bei den Mitarbeitern das Wissen vorliegt, dass und wann ein Angriff eintritt

- ein „Incident Response Plan" erstellt werden, der Eskalations- und Entscheidungswege definiert und Kompetenzen und Verantwortlichkeiten klärt

- Datenschutzfragen besprochen und die Freigabe der Daten durch den Datenschutzbeauftragten definiert werden

- die korrekten Ansprechpartner bei forensisch spezialisierten Unternehmensberatungen und/oder Ermittlungsbehörden notiert und einen ersten Kontakt aufgebaut werden. Auch die Festlegung von Verschlüsselungsmechanismen ist anzuraten.

- Mitarbeiter eines potentiellen Response Teams ernannt und geschult werden

4.1.2 Beweissicherung und Analyse

Die Beweissicherung steht als erster Schritt nach der Angriffserkennung und kann thematisch nach zeitkritischen Sicherungen von flüchtigen Speichern und der Sammlung von zeitlich unkritischen Daten unterschieden werden. Nach Übertragung der flüchtigen Speicher mit Hilfe spezieller Tools kann das angegriffene System vom Netz getrennt werden um weiteren Schaden zu verhindern und mit Hilfe von Programmen und (Schreibschutz-) Hardware muss eine Kopie der Festplatten erstellt werden [GESC04, S. 56f.]. Wenn hier im Rahmen des Security Engineering entsprechende Vorbereitungen getroffen wurden, können auch die erstellten Protokolle gesichert werden [ECKE09, S. 200f.]. auf Basis der gesicherten Daten erfolgt dann eine zeitlich nachgelagerte Untersuchung, meist im Labor des Forensikers. Die Zielsetzung dieser sogenannten post-mortem Analyse ist nach [GESC04, S. 55]:

- das Erkennen der Methode oder der Schwachstelle, die der Angreifer für den Systemeinbruch nutzte

- die Feststellung des Schadens

- Identifikation des Angreifers

- Sicherung der Beweise für den Falle einer juristischen Auseinandersetzung

Hierfür ist es also notwendig, dass die Untersuchung des Systems möglichst viele Informationen zur Verfügung stellt, ohne das System zu stören oder zu verändern. Insbesondere ist es dabei wichtig, dass die Glaubwürdigkeit und die Lückenlosigkeit der Beweiskette gewährleistet ist, da die elektronischen Beweise als „Augenscheinbeweise" keine „Urkundenbeweise" sind und einer gerichtlichen Kontrolle nicht immer Stand halten [KRUL08]. Dafür ist es notwendig, dass die Suche auf dem System keine eigene Veränderungen vornimmt [GESC04, S. 55f.]. Es gibt verschiedene Methoden um dies sicher zu stellen, zu denen u. a. folgende zählen [CoFo10]:

- Spurensicherungen (getrennte Kopien zur Analyse und Gerichtsauswertung)

- Wiederherstellung gelöschter Daten und Eigenschaften

- Auswertung von Log- und Systemdateien

- Malware-Analyse

- Aufbau von „Fallen", wenn akuter Verdacht besteht (sog. Honey Pots)

- Suche und Bewertung der Schwachstellen in der IT-Sicherheit

Zur Analyse eines Einbruchs werden meistens mehrere oder alle dieser Methoden kombiniert. Für jede dieser Methoden finden sich auch unterschiedliche Werkzeuge, die genau diesen Prozess technisch ermöglichen (bspw. *dd* für die Erstellung von bitgenauen Images) oder unterstützen (bspw. *Autopsy* mit der Zusatzfunktion der Erstellung eines Tätigkeitsprotokolls mit Notizzettelfunktion zur Dokumentation). Diese Werkzeuge lassen sich neben Ihrer Unterstützungsfunktion auch durch weitere Eigenschaften unterscheiden.

4.2 Unterscheidungsmerkmale der Werkzeuge

Es gibt eine Vielzahl von Eigenschaften nach denen sich die große Anzahl an verfügbaren Werkzeugen klassifizieren lassen.

4.2.1 Unterscheidung nach Verfügbarkeit

Die Verfügbarkeit der Software ist ein wesentliches Unterscheidungsmerkmal, das jedoch nicht klar für eine Seite entschieden werden kann. Insbesondere aus den Gründen der Sicherheit, Verlässlichkeit und der Produktunterstützung, aber auch aus philosophischen Gründen finden sich Unterstützer beider Seiten [CARR02].

Open Source Software enthält einen offenen, frei zugänglichen Quellcode und ermöglicht so Entwicklern, Nutzern und Testern das Programm zu validieren oder durch Entwicklungen den eigenen Bedürfnissen anzupassen. Wie bereits a. a. O. aufgeführt, ist für die Beweisführung bei IT-Forensikprozessen der Daubert-Prozess anzuwenden, der u. a. die öffentliche Diskussion und Akzeptanz als notwendiges Kriterium erachtet [CARR02, S. 3].

Ein offener Quellcode unterstützt die Ansätze des Daubert-Tests und erhöht so die Wahrscheinlichkeit der gerichtlichen Beachtung der Ergebnisse als verwertbare Beweise. Die durchgeführten Testprozesse und die Dokumentation von Fehlerraten sind bei Open-Source Programmen erfahrungsgemäß viel höher, da eine große Gemeinde von Nutzern und Entwicklern die Kontrollen durchführt und Fehler in Foren und Communities diskutiert [CARR02, S. 4f.]. Neben der Dokumentation wird auch durch fortlaufende Bereinigung die Qualität der Software erhöht. Es ist ebenfalls nachvollziehbar, dass ein offener Quellcode die Anforderungen *Publication* erfüllt während ein proprietärer Quellcode vor Gericht angezweifelt oder nur erschwert anerkannt werden kann.

Auf der anderen Seite haben es Hacker natürlich einfacher einen veröffentlichten Quellcode zu analysieren und Gegenmaßnahmen zu ergreifen. Wenn dieser Gruppe bekannt ist, wie das Analysesystem arbeitet und welche Kontrollen es macht, können entsprechende Aktionen während des Angriffs eingeplant werden, die diese Kontrollen und Analysen umgehen.

Ein weiteres Argument gegen proprietäre Quellcodes ist die Tatsache, dass dem Nutzen nicht detailliert bekannt sein kann, was die Software auf dem System ausführt. Unter Umständen werden unerwünschte oder schädigende Aktionen angestoßen oder gar datenschutzrechtlich bedenkliche Informationen an den Softwarehersteller oder Dritte übermittelt.

4.2.2   Unterscheidung nach Zielgruppe

Manche Werkzeuge werden nur ausgewählten Personengruppen zur Verfügung gestellt, um die Nutzung zu beschränken und zu verhindern, dass Informationen über die Analyseverfahren an Personen geraten, die dies zur Unterstützung ihrer kriminellen Aktivitäten einsetzen. Hierunter fällt das Analysetool *COFEE* von Microsoft. *COFEE* ermöglicht die Analyse von Windows und DOS-Systemen. Auch Berufsgruppen oder große, auf Forensik spezialisierte Unternehmensberater stellen eigenen Softwareentwicklungen nur ihren Mitgliedern oder Kunden zur Verfügung, um sich so von anderen Anbietern abzugrenzen.

4.2.3   Unterscheidung nach Umfang der Unterstützung

Die erhältlichen Werkzeuge beziehen sich meistens auf einen bestimmten Teilprozess der Untersuchung und Analyse und spezialisieren sich auf die unterstützenden Maßnahmen hierauf (bspw. Imageerstellung, Suchfunktionen, Passworterkennung). Diese Kernfunktio-

nalität kann aber noch erweitert werden, so dass auch mehrere Schritte des Prozesses unterstützt werden, wobei diese unterschiedlich breit aufgestellt sein können. Auch eine Zusammenfassung von Tools, sog. Toolkits, die teilweise aufeinander abgestimmt sind, können eine großen Teil des Prozesses unterstützen.

4.2.4 Unterscheidung nach Zielsetzung und Unterstützungsfunktion

Die Zielsetzung der einzelnen Tools kann, wie bereits erwähnt stark voneinander abwei-
chen, da im Rahmen der forensischen Analyse unterschiedlichste Tätigkeiten durchgeführt
werden müssen. Analog zu den Prozessen der Analyse können die Tools gegliedert werden.

DOLLE [DOLL09] und weitere Experten gliedern die forensische Analyse in die drei Schritte Sichern, Analysieren und Präsentieren (S-A-P). Diesem vorgeschaltet ist noch das Erkennen, welches bspw. durch Intrusion Detection Systeme (IDS) durchgeführt werden
kann. Die Computer Forensic Tool Testing Group (CFTT) des US-amerikanischen natio-
nalen Instituts für Standards und Normung (NIST) untergliedert leicht abweichend und
etwas detaillierter auf deren Internetpräsenz[13] die Tools in die Gruppen Disk Imaging,
Forensic Media Preparation, Write block (SW/HW), Deleted file recovery, mobile devices
und string search.

4.2.4.1 Erkennung des Angriffs

Intrusion Detection Systeme ist ein Überbegriff für EDV-Systeme die in einem gefährde-
ten System laufen und dort unterschiedliche Kontrollen durchführen, um einen möglichen
Angriff zu erkennen und die festgestellte Anomalie an den verantwortlichen Mitarbeiter
zur weiteren Analyse zu melden. Bei der Erkennung referenzieren sich die Systeme entweder an festgelegten Signaturen (Malware) oder Anomalien des Netzwerks oder der Anwendungen. Anomalien sind Aktivitäten, die im Regelbetrieb nicht, nicht so häufig oder in
anderen Zusammenhängen vorkommen [GESC04, S. 41ff.].

---

[13] http://www.cftt.nist.gov/

Hierfür werden verschiedene Verfahren angewandt, die unterschiedliche Tools zur Umsetzung nutzen. Das BSI gliedert in [BSI11, S. 52] in netzwerkbasierte (NIDS) und hostbasierte Systeme (HIDS) Systeme, wobei auch hybride Versionen existieren.

Eine eindrucksvolle Funktion eines IDS beschreiben MALOOF und STEPHENS in [MAST07]. Das System scannt den Netzwerkverkehr und kann u. a. auf Basis von legalen Aktivitäten auffällige Zugriffe melden. Die Besonderheit ist hier, dass die Mitarbeiter zwar im Rahmen des Security Engineerings die Rechte erteilt bekommen hatten, diese aber nicht dem Need-to-know-Prinzip folgen und damit faktisch unberechtigte Zugriffe darstellten. Dies konnte vom beschrieben Algorithmus *ELICIT* erkannt werden. Die Autoren ließen dabei nach *„insiders, who browse, search, download, and print documents and files to which they have access, but that are inappropriate or uncharacteristic for them based on contextual information, such as their identity, past activity, and organizational context"* suchen. Im Gegensatz zu illegalen Aktivitäten war die Herausforderung dabei, Aktivitäten zu unterscheiden und zu ermitteln ob diese einem nicht formalisierten Rollenprofil folgen.

Auch der Einsatz eines Event Loggers im Netzwerk kann wertvolle Daten sammeln, die ausgewertet werden können. Diese Logs können sowohl zur Meldung als auch zur Analyse nach erfolgter Erkennung genutzt werden. Logdateien lassen sich insbesondere auf fehlgeschlagene Einbruchsversuche hin untersuchen, denn viele Schwachstellen sind auch den Herstellern von IDS bekannt und lassen sich über genaue Befehlsketten erkennen. Interessanter sind die erfolgreichen Versuche, die häufig durch anormale Lücken in den Logdateien zu erkennen sind, da der Eindringling die belastenden Einträge daraus gelöscht hat, um Hinweise zu vertuschen. Die Zielsetzungen, Methoden und Analysen können sehr vielfältig vom Systemadministrator festgelegt werden und auf mathematische Gesetze wie das Benfordsche Gesetz[14] zugreifen.

Die technische Umsetzung eines Netzwerkscannings kann bspw. durch einen TAP erfolgen, der den gesamten Traffic weiterleitet, ohne dass dies im Netzwerk festgestellt werden kann alle. Der Aufbau eines TAPs ist in Abbildung 3 schematisch dargestellt.

---

[14] Das Benfordsche Gesetz gibt Auftretungswahrscheinlichkeiten für Zahlen vor. Wenn nun eine Zahl in einem großen Datensatz besonders häufig oder selten erscheint, kann dies auf eine Manipulation der Daten hinweisen.

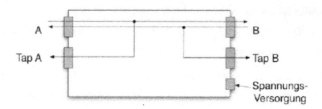

Abbildung 3: Schematische Darstellung eines TAP nach [LAIN00; BSI11]

In deutschen Kreditinstituten werden umfangreichen Sicherheitsrichtlinien auch für EDV-Produkte veröffentlicht, die es den jeweiligen Produktmanagern auferlegen, auf Basis einer Sicherheitsanalyse notwendigen Kontrollschritte einzubauen. So müssen bspw. umfangreiche Log-Files geführt und regelmäßig ausgewertet werden und verdächtige Aktivitäten werden im Rahmen des definierten Incident Response Prozesses von qualifiziertem Personal bewertet.

4.2.4.2 Sicherung der Daten

Der erste Schritt im Konzept des S-A-P ist die Sicherung der Daten und Beweise. Wie bereits erwähnt, ist es im forensischen Prozess unabdingbar, Beweise so zu sichern, dass diese im späteren Verlauf gerichtsverwertbar sind. Hierzu ist sicherzustellen, dass ein Untersuchungsumfeld geschaffen wird, dass nicht mehr manipuliert werden kann.

Da eine Kopie über die Standard-Tools wie der Windows Explorer keine bitgenaue Kopie ohne Veränderung der Originaldaten gewährleisten kann, sind spezielle Werkzeuge notwendig, um diesen Schritt durchzuführen. Die Tätigkeiten hierbei sind das Sichern der flüchtigen Speicher, wobei die Haupt- und Cachespeicher auf einem separaten Datenträger gesichert werden. Desweiteren werden die Festplatten als bitgenaues Image ebenfalls auf einen getrennten Datenträger übertragen. Sollte die Erstellung von Images nicht möglich sein oder auf das originäre System zugegriffen werden müssen, können Speichermedien auch unter Zuhilfenahme eines (Software-)Writeblockers analysiert werden, der ein Schreiben auf dem Datenträger unmöglich macht.

4.2.4.3 Analyse des forensischen Datenmaterials

Die verfügbare Software, die angeboten wird um die Analyse von Dateien und Datenträgern zu unterstützen ist vielseitig und umfassend. Tools und Toolkits decken unterschiedliche Bereiche der möglichen und nötigen Schritte ab, so dass jedes System einzelne Spezialisierungen aufweist und damit jedes individuell beachtet werden muss.

Die Analyse des Datenmaterials besteht aus verschiedenen Schritten. Volatile Datenspeicher beinhalten Informationen zu den gerade laufenden oder kürzlich gelaufenen Prozessen, was Auskunft über die Aktivitäten geben kann, die ein Angreifer auf dem System durchgeführt hatte. Es gibt diverse Möglichkeiten über USB- und Firewire-Ports die volatilen Speicher zu sichern, bevor sie durch beabsichtigte oder unbeabsichtigte Aktivitäten oder das Herunterfahren des Systems gelöscht werden.

Verschiedene Dateiensysteme haben aufgrund der technischen Lösung Slacks oder andere nicht allozierte Bereiche. Jedes Datenträgersystem hat eigene Besonderheiten bei der Parametrisierung, die man sich bei der Datenträgeranalyse zu Nutze machen kann. Der Löschvorgang löscht meistens nicht die Datei, sondern nur den Verweis dort hin, so dass vom User gelöschten Dateien problemlos wieder hergestellt werden können, wenn sie noch nicht überschrieben wurden. Auch die nicht allozierten Bereiche, die u. a. bei NTFS mit Daten aus dem Haupt- und Cachespeicher aufgefüllt werden, können ausgelesen werden und bieten so wertvolle Informationen. Grundsätzlich ist es zwar möglich, Dateien so zu löschen, dass diese nicht wiederhergestellt werden[15], hierzu fehlt professionellen Angreifern aber häufig die Zeit und den internen Gelegenheitstätern (bspw. bei Korruption oder Datenklau) die Kenntnisse.

Aufgrund der Technik der Dateisysteme liegen umfangreiche Informationen auch in den Dateiattributen. Diese werden bei jedem Zugriff verändert, so dass die Prinzipien berücksichtigt werden müssen, nicht auf Originaldaten zuzugreifen. Man kann von jedem zu analysierenden Datenträgern ein Image zu erstellen, das eine unveränderbare, bitgenaue Kopie des Originals darstellt.

---

[15] Beispielsweise mit Hilfe der Software Ontrack Eraser: http://www.ontrack.de/software-zur-datenloeschung/

Bei Vorliegen des Datenmaterials kann dies nun auf verschiedene Hinweise hin untersucht werden. Diese Analyse führt zu verschiedenen Ergebnissen. Zum Einen ist der textuelle Speicherinhalt aussagekräftig, wenn Emails oder Texte zum Tatbestand verfasst wurden. Die Suche nach bestimmten Dateien oder Begriffen innerhalb von Dateien kann Rootkits oder Angriffswege finden, die wiederum Hinweise zu Schwachstellen und Zielsetzung des Angriffs oder sogar der Herkunft des Angriffs (bspw. eine IP-Adresse) geben. Mit Hilfe von Log-Files und Dateieigenschaften ist es möglich, eine zeitliche Reihenfolge von Aktivitäten darzulegen und so einen kausalen Zusammenhang gerichtsverwertbar zu beweisen. Manche Angreifer verstecken Dateien oder Trojaner über die Veränderung der Systembefehle oder in unauffälligen Ordnern was eine detaillierte Suche in den Partitionen und deren Sektoren notwendig macht [SAJE00, S. 192f.].

Problematisch ist in diesem Zusammenhang immer noch die Analyse von verschlüsselten Systemen, da die heutigen Verschlüsselungsalgorithmen auch von professionellen Forensikern nicht oder nicht ohne weiteres geknackt werden können. Bereits im Jahr 2000 wies [SAJE00, S. 223] darauf hin, dass deswegen die Aufgaben des Forensikers immer schwieriger werden. In einem erst kürzlich an die Presse gelangten Fall [SPIE11a] konnte der festgenommene Cracker alle Beweise verschlüsseln, bevor die Polizei seinen PC beschlagnahmte.

Insbesondere im Bankenumfeld hat die Forensik ein weiteres wichtiges Themenfeld, das getrennt zu betrachten ist. Bilanzfälschung und Bereicherung sind im Umfeld der Banken ein thematisch anders geartete Straftat, die grundsätzlich anderen Analysemethoden benötigt. Rechnungslegungsgrundsätze wie HGB, IFRS und US-GAAP sind strikte Regelwerke zur Darstellung von unternehmerischen Vermögensgegenständen und Risiken und dienen als Entscheidungsgrundlage für Investoren und Geschäftspartner. Falsche Angaben können hier zu Entscheidungen führen, die dem Fälscher einen finanziellen Vorteil bringen und andere schädigen.

Die Analyse dieser Aktivitäten hat ihren Schwerpunkt in der Auswertung von Korrespondenz (E-Mail) und buchhalterischer Buchungen. Durch diverse Prozesse, hierbei im Wesentlichen zielgerichtete Data-Mining-Aktionen, können verdächtige Aktivitäten ermittelt und genauer untersucht werden. Es geht dabei aufgrund der großen Datenmengen um die Reduktion der Untersuchungstiefe und das automatisierte Finden von manuell zu untersuchenden Vorgängen. Aufgrund von Legacy-Systemen, verteilten juristischen Systemen bei Tochterunternehmen, doppelten Buchführungssystemen aufgrund mehrerer Rechnungsle- gungsanforderungen und teilweise unzureichende Dokumentationen gestaltet sich die Auswertung von buchhalterischen Vorgängen (forensic accounting) in internationalen Großbanken sehr schwierig.

4.2.4.4 Präsentieren

Die Datenflut der Unternehmen und Banken, die sich bei der Analyse der Systeme erge- ben, und die umfangreichen Ergebnisse sind vom Forensik-Team je nach Zielgruppe ver- ständlich aufzubereiten. Die Zielgruppe dieser Analysen kann zum einen das Senior oder Top Management des Unternehmens sein, in dem die Analyse stattgefunden hat. Bei ge- richtlichen Auseinandersetzungen benötigt auch das Gericht eine umfassende Dokumenta- tion der durchgeführten Analysen und der Ergebnisse.

Hierfür müssen die verwendeten Tools die Aufarbeitung der Schritte und Ergebnisse unter- stützen. Eine Möglichkeit, dass dies vom Werkzeug unterstützt wird, ist dem Ermittler die Möglichkeit zu geben, umfassende Notizen und Kommentare den Logs, Screenshots und andersweitig dokumentierten Ergebnissen hinzu zu fügen. Doch auch das automatische Erstellen von Log-Files, wie dies bspw. *Autopsy* anbietet, hilft die Schritte im Nachhinein nachvollziehbar zu machen.

Weitere Unterstützung bei der Dokumentation bieten die normalen Microsoft Office Pro- dukte. Excel und Powerpoint können zur visuellen Darstellung von Statistiken genutzt werden, Word dient zur Verfassung von Berichten mit der Möglichkeit Bild-Dateien zu hinterlegen.

4.3 Analyse ausgewählter Produkte

Es gibt eine Vielzahl von Produkten, die die Prozesse der digitalen Forensik unterstützen, die in ihrer Fülle nicht ansatzweise vollständig vorgestellt werden können. Dies beginnt beim Konsolenbefehl FIND, der diverse Schlüsselworte in der Dateistruktur suchen kann und endet bei professionellen, kommerziellen Toolkits, die teilweise nur für Ermittlungs- behörden zur Verfügung stehen (bspw. *COFEE*).

Nachfolgend wird eine Auswahl der Tools und Toolkits analysiert, die im Umfeld der IT-Forensik einen gewissen Stellenwert haben und unterschiedliche Zielsetzungen verfolgen. Zuerst wird jedoch eine Übersicht von Werkzeugen dargestellt, die einen auszugsweisen und bei weitem nicht vollständigen Überblick über die am Markt erhältlichen geben soll.

Bezeichnung		Lizenzierung	Zielsetzung	System	Hersteller
COFEE	Toolkit	Nur für Behörden lizenzierbar	Speziell für die Analyse von Windows	Windows	Microsoft
Helix	Toolkit	Kommerziell	Gesamtprozessunterstützung	Ubuntu	e-fense
The Sleuth Kit (TSK)	Toolkit	Open Source	Gesamtprozessunterstützung	Unix, Linux, Cygwin, Solaris	
The coroners toolkit (TCT)	Toolkit	Open Source	Gesamtprozessunterstützung	Unix	
AccessData's Forensic Tool Kit	Toolkit	Kommerziell	Gesamtprozessunterstützung	Unix, Windows	AccessData
F.I.R.E.	Toolkit	Open Source	p.M.-Analyse, Live-Analyse, Sicherheitstools	Linux, Windows, Solaris	
dd	Tool	Open Source	Imageerstellung	Unix, Cygwin	
EnCase	Tool	Kommerziell	Schwerpunkt Dateisystemanalyse	alle gängigen Systeme	Guidance Software
nwdiff	Tool	Open Source	Dateivergleich	Windows	
Winhex	Tool	Open Source	Anzeige in Hex, Analyse von Systemdateien	Windows	x-ways
nmap/zenmap	Tool	Open Source	Netzwerkscanner	Linux, Windows, Unix	
Wireshark	Tool	Open Source	Netzwerk-Sniffer	Linux, Windows, Unix.	

Tabelle 2: Übersicht div. forensischen Tools [GESC04, SCHW06, www.cftt.nist.gov]

4.3.1   Toolkits mit kombinierten Anwendungsbereichen

Toolkits sind Zusammenfassungen von einzelnen Werkzeugen, die Teile oder den vollständigen Prozess der Forensik unterstützen.

4.3.1.1 Helix

Die Firma e-fense[16] bietet drei Programme kommerziell an, die die forensische Analyse
von EDV-Systemen auf vielfältige Weise unterstützen kann.

Eines davon ist *Helix3Enterprise*, welches eine Weiterentwicklung des ursprünglich kos-
tenlosen *Helix3* darstellt. Es bietet Incident Response Anwendungen, Forensik-Tools und
digitale Analyse- und Überwachungssysteme, die speziell auf das Unternehmensumfeld
abgestimmt sind. Das Programm kann dabei, wenn es im laufenden Betrieb des Unterneh-
mensnetzwerks eingesetzt ist, sowohl die Webaktivitäten wie auch Monitor- und Tastatur-
anschläge spezieller Rechnersysteme aufzeichnen. Es bietet laut Herstellerangaben ebenfalls die Möglichkeit das Netzwerk nach Datums- und Zeitstempel oder Schlüsselworten in
Dateinamen und –inhalten zu durchsuchen. Auch das automatisierte Erstellen von Datei-
Hash-Werten über große Bereiche des Netzwerks ist möglich.

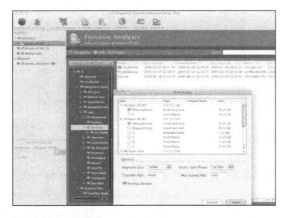

Abbildung 4: Helix3Enterprise Central Administration Tool [EFEN11]

---

[16] http://www.e-fense.com/products.php

Die Anwendung *Helix3Pro* ist eine Sammlung von Tools, die zusammen mit einer bootba-
ren CD vertrieben wird und somit Plattform-unabhängigen Einsatz möglich macht. *He-
lix3Pro* kann auf den Umfeldern Mac, Linux oder Windows Images von Laufwerken und
internen Speichern erstellen, es stellt ein forensisches Umfeld zur Verfügung in dem über
eine grafische Benutzeroberfläche (ähnlich zu der von *Helix3Enterprise*, siehe Abbildung
4) ohne Veränderungen an den lokalen Eigenschaften verschiedene Tools genutzt werden
können. U. a. werden in diesen kommerziellen Toolkit die teilweise als open-source erhältlichen Programme und Toolkits *TSK* (Kapitel 4.3.1.2 – The Sleuth Kit), *LinEn* (entspricht
EnCase für Linux), *CarvFs* (modulares Framework), *Truecrypt* (Verschlüsselungssoft-
ware), *Scalpel/Foremost* (Wiederherstellung gelöschter Daten), *gmobilemedia* (Telefon-
Dateiensystembrowser), *Memtest86* (Hauptspeicher-Check, s. Abbildung 5) und *ptfinder*
(jeweils Speicheranalyse) mitgeliefert. Die Anwendungen werden jeweils individuell auf-
gerufen und starten teilweise in eigene Masken, die unterschiedliche grafische Oberflächen
haben.

Abbildung 5: Memtest86 Bildschirmmaske [Eigener Screenshot von Memtest86]

e-fense bietet auch das System *Live Response* an das direkt auf einem USB-Stick geliefert
wird. Dieser USB-Stick bietet den Zugriff auf ein LIVE-System. Wie bereits erwähnt führt
das Abschalten eines angegriffenen Systems zu großen Datenverlusten u. a. in den volatilen Speichern. Der *Live Response* Stick bietet die Möglichkeit ohne schreibende Zugriffe
auf das kompromittierte System alle vorhandenen Informationen schreibgeschützt auf den
Stick zu kopieren, die dann im Labor untersucht werden können.

Abbildung 6: Live Response Datenkollektion [EFEN11]

Weitere Funktionalitäten sind Datensammlungen zu Netzwerkverbindungen, Listen ange-
meldeter User im Netzwerk, laufende und geplante Jobs, der Windows Registry, Speichern
von Bildschirminhalten, System-Log-Files und vieles mehr [EFIN11].

Bis Anfang 2009 gab es von e-fence eine kostenlose Version von *Helix3* als „LIVE CD",
die ebenfalls als Boot-CD verwendet werden konnte und eine GNOME-basierte Oberfläche als Zugang zu den Programmen bietet (siehe Abbildung 7). *Helix3* ist ein angepasstes
Derivat eines Ubuntu-Linux. Die Live CD bietet eine umfangreiche Programmauswahl, die
im Menü „Applications" in Unterpunkte aufgeteilt sind.

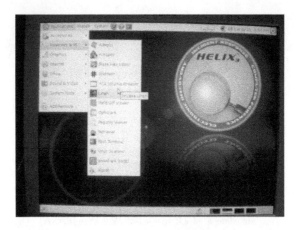

Abbildung 7: Benutzeroberfläche Helix3 LiveCD [Eigener Screenshot von Helix3]

„Accessories" sind diverse kleine Utilities, bspw. Taschenrechner, Wörterbücher, Print Job Manager, Screenshot-Kamera oder ein Text-Editor. Unter „Forensics & IR" finden sich mehrere Programme wie der *Autopsy* Browser für *TSK*, *GtkHash* zur Hashwert-Berechnung (Abbildung 8), *LinEn*, *Meld Diff Viewer*, *RegistryViewer* und viele andere Tools, die unterschiedlichen Zwecken dienen.

Abbildung 8: GtkHash [Eigener Screenshot von GtkHash]

Des Weiteren finden sich spezielle Programme zur Analyse von graphischen Files, Internet und Remote-Zugängen, eine *OpenOffice* Installation, Multimedia-Anwendungen und die System Tools *Partition Editor* und *Xfprot*. Selbstverständlich gibt es auch einen klassischen Dateimanager.

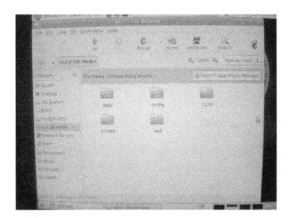

Abbildung 9: Dateienmanager unter Helix3 [Eigener Screenshot von Helix3]

Für professionelle Nutzer bietet die Helix3 Live CD selbstverständlich auch ein Terminal für die Konsoleneingabe.

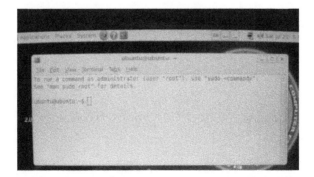

Abbildung 10: Ubuntu-Terminal unter Helix3 [Eigener Screenshot von Helix3]

4.3.1.2 The Sleuth Kit und Autopsy

The Sleuth Kit[17] ist eine große Sammlung von Tools, die digitale Untersuchungen auf verschiedenen Ebenen unterstützt. Lt. dem ReadMe-File[18] des *Sleuth Kit* unterstützt die Kombination aller Tools den vollständigen forensischen Analyseprozess. Die Tools sind Unix-basiert, *TSK* ist aber mithilfe von *Cygwin*[19] auch auf Windowssystemen lauffähig und bietet bei zusätzlicher Installation von *Autopsy* sogar eine Browser-basierte, grafische Oberfläche. Große Teile von *TSK* basieren auf dem älteren Toolkit *TCT – The Coroner's Toolkit* und wurden auf dieser Basis weiter entwickelt.

Ohne *Cygwin* laufen die Tools des *Sleuth Kit* unter Linux, MacOS X, FreeBSD, OpenBSD und Solaris als reine Kommandozeilentools. Unterstützte Dateisysteme sind u.a. FAT, NTFS, UFS, EXT2FS und EXT3FS [GESC04, S. 126].

Neben *Autopsy* als GUI bevorzugen geübte Benutzer die Kommandozeileneingabe, da dies eine schnellere Navigation durch die einzelnen Tools erlaubt. Auch bietet die Kommandozeile und die gängige Programmiersprachen C und Perl eine einfache Einbindung in eigene Skripte der Ermittler.

Wie bereits erwähnt, besteht *TSK* aus mehreren Tools, die die forensische Analyse unterstützen. Diese sind den Layern zugeordnet, in denen sie unterstützen: Die Bezeichnung der Tools, die zur Anwendung im „File System Layer" zur Datenträgeranalyse genutzt werden können, beginnen mit den Buchstaben fs. Im „Content Layer" unterstützen die Tools mit „blk" die Inhaltsanalyse. Die Inodes und Metadaten können mit Hilfe der Programme analysiert werden, die mit „i" beginnen. der Zugriff auf Dateien direkt und nicht über Metadaten wird mit file oder „f" gekennzeichnet. „j" ermöglicht die Analyse von Journal- und Statistikwerten [SORU11, S. 196].

---

[17] http://www.sleuthkit.org/

[18] Version von September 2008 in TSK 3.2.2.

[19] Cygwin stellt eine Kompatibilitätsschicht zur Portierung von unixoiden Anwendungen auf Windowsumgebungen. Mehr Informationen auf www.cygwin.com.

Die wichtigsten Tools sind

Toolname	Beschreibung
Llms	Zeigt Partitionen und Offsets eines Images an und bietet so die Möglichkeit, gezielte Bereiche zu extrahieren.
Fsstat	Zeigt Meta-Daten und weitere Details der untersuchten Images an. Hierunter fallen Dateisystem, div. Datumsfelder, Fragment- und Blockgröße und Inode Ranges.
Ffind	Mit ffind kann man direkt bestimmte Inodes aufrufen. So lassen sich auch gelöschte Dateien anzeigen, sofern mit einem anderen Programm das Inode bereits ermittelt wurde.
fls	fls listet alle Dateien eines Verzeichnisses oder eines Inodes auf und markiert die bereits gelöschten mit einen *. Das zugehörige Inode der Dateien und Ordner wird ebenfalls angezeigt.
Ils	Dies bietet eine mit dem |-Zeichen getrennte Liste von Metadaten einer Partition zur Weiterverarbeitung in beliebigen Programmen.
Icat	Stringsuche in den Metadaten der Dateien.
Istat	istat kann zur Darstellung von Systeminformationen zu Inodes genutzt werden. Hier finden sich bspw. die Nutzerrechte oder Größe der referenzierten Datei, Blöcke, Datumsangaben oder die Anzahl der Verlinkungen.
Mactime	Dieses Tool sortiert die ils und fls erstellten Auswertungen nach individuell festgelegten zeitlichen Gesichtspunkten. So kann bspw. eine Ereigniskette von Dateizugriffen erstellt werden.
Macrobber	Protokollierung von temporären Daten des gemounteten Images.

Tabelle 3: Die wichtigsten Tools des *The Sleuth Kit* [nach GESC04, S. 127ff.]

Autopsy bietet zusätzlich einen HTML-basierten Zugriff auf diese Tools. Eine einfache Oberfläche mit wenigen Buttons bietet den Funktionalitäten des *Sleuth Kit* und weitere Standard Unix-Tools wie *strings*, *md5sum* und *grep*. *Autopsy* arbeitet fallbasiert und kann mehrere Fälle gleichzeitig verwalten. Der Ermittler muss sich auf dem Fall anmelden, so dass alle Aktivitäten einem Ermittler zugeordnet werden und entsprechend geloggt werden können.

Bereits bei der Installation kann eine Prüfsummendatenbank (National Software Reference Library (NSRL)) hinterlegt werden, die Prüfsummen der gängigsten Programme beinhaltet und integriert mit selbst errechneten Werten vergleichen kann. Dies bietet zum Einen die Möglichkeit, veränderten Code der Standard-Anwendungen zu erkennen und mögliche Hinweise auf Schäden und Angriffsart herzuleiten, zum Anderen ermöglicht es das Auffinden von bekannten Dateien und Rootkits, auch wenn deren Dateiname oder die Dateiendung geändert wurde. Die Dateianalyse und Dateiinhaltsanalyse wird durch die grafische Oberfläche unterstützt und kann bspw. auf ASCII-Ebene erfolgen. Die Darstellung der Datei wird in Abbildung 11 gezeigt. Diese Analyse auf Zeichenebene kann genutzt werden, um nach häufigen Schlagwörtern von Rootkits oder anderen Schlüsselwörtern (und IP-Adressen) zu suchen.

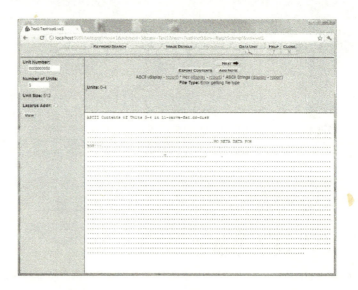

Abbildung 11: Autopsy Dateianalyse [Eigener Screenshot von Autopsy]

Gefundene Dateien können von *Autopsy* nach Dateityp, nach Aktivitätszeitstempeln oder nach Metadaten analysiert werden. Außerdem gibt es die Möglichkeit beliebige Notizen zu erfassen, die pro Inode hinterlegt werden. Zusätzlich logt *Autopsy* alle Tätigkeiten der Ermittler im System unter `/usr/local/evidence/Test1/TestHost1/logs`[20] in getrennten Logs: In Abbildung 12 ist das Protokoll des Falles und in Abbildung 13 das Protokoll des Ermittlers dargestellt. Dort lassen sich sehr leicht die anfänglichen Tätigkeiten feststellen, die nötig waren um den Fall zu eröffnen („host opened", „moving image"). Auch lässt sich im Log-File erkennen, wie die String-Suche durchgeführt wurde („Search for ‚payment'").

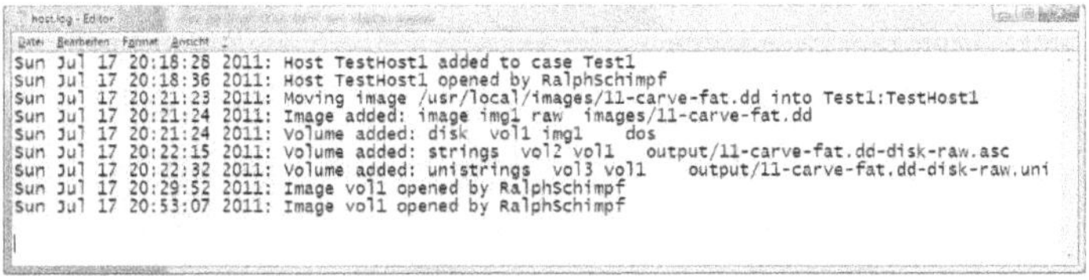

```
Sun Jul 17 20:18:28 2011: Host TestHost1 added to case Test1
Sun Jul 17 20:18:36 2011: Host TestHost1 opened by RalphSchimpf
Sun Jul 17 20:21:23 2011: Moving image /usr/local/images/11-carve-fat.dd into Test1:TestHost1
Sun Jul 17 20:21:24 2011: Image added: image img1 raw  images/11-carve-fat.dd
Sun Jul 17 20:21:24 2011: Volume added: disk  vol1 img1    dos
Sun Jul 17 20:22:15 2011: Volume added: strings  vol2 vol1   output/11-carve-fat.dd-disk-raw.asc
Sun Jul 17 20:22:32 2011: Volume added: unistrings  vol3 vol1    output/11-carve-fat.dd-disk-raw.uni
Sun Jul 17 20:29:52 2011: Image vol1 opened by RalphSchimpf
Sun Jul 17 20:53:07 2011: Image vol1 opened by RalphSchimpf
```

Abbildung 12: Autopsy Fall-Protokoll [Eigener Screenshot des MS Editors]

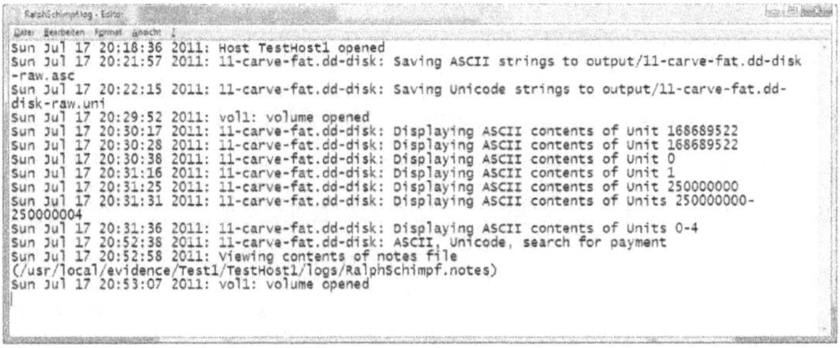

```
Sun Jul 17 20:18:36 2011: Host TestHost1 opened
Sun Jul 17 20:21:57 2011: 11-carve-fat.dd-disk: Saving ASCII strings to output/11-carve-fat.dd-disk
-raw.asc
Sun Jul 17 20:22:15 2011: 11-carve-fat.dd-disk: Saving Unicode strings to output/11-carve-fat.dd-
disk-raw.uni
Sun Jul 17 20:29:52 2011: vol1: volume opened
Sun Jul 17 20:30:17 2011: 11-carve-fat.dd-disk: Displaying ASCII contents of Unit 168689522
Sun Jul 17 20:30:28 2011: 11-carve-fat.dd-disk: Displaying ASCII contents of Unit 168689522
Sun Jul 17 20:30:38 2011: 11-carve-fat.dd-disk: Displaying ASCII contents of Unit 0
Sun Jul 17 20:31:16 2011: 11-carve-fat.dd-disk: Displaying ASCII contents of Unit 1
Sun Jul 17 20:31:25 2011: 11-carve-fat.dd-disk: Displaying ASCII contents of Unit 250000000
Sun Jul 17 20:31:31 2011: 11-carve-fat.dd-disk: Displaying ASCII contents of Units 250000000-
250000004
Sun Jul 17 20:31:36 2011: 11-carve-fat.dd-disk: Displaying ASCII contents of Units 0-4
Sun Jul 17 20:52:38 2011: 11-carve-fat.dd-disk: ASCII, Unicode, search for payment
Sun Jul 17 20:52:58 2011: Viewing contents of notes file
(/usr/local/evidence/Test1/TestHost1/logs/RalphSchimpf.notes)
Sun Jul 17 20:53:07 2011: vol1: volume opened
```

Abbildung 13: Autopsy Ermittler-Protokoll [Eigener Screenshot des MS Editors]

[20] Der Teil des Pfades „Test1" und „TestHost1" beziehen sich auf den Ermittlungsfall und heißen selbstverständlich so, wie der Ermittler dies benannt hat.

4.3.1.3 COFEE

Der Hersteller der Windows-Betriebssystemen Microsoft hat im Jahr 2008 ein Toolkit entwickelt, das polizeiliche Untersuchungen des Betriebssystems vereinfachen und beschleunigen soll. Das USB-Stick-Tool *COFEE* (Computer Online Forensic Evidence Extractor) ist lediglich für polizeiliche Ermittlungsbehörden vorgesehen und lt. Microsoft bereits bei vielen internationalen Behörden im Einsatz. Obwohl es mittlerweile Möglichkeiten gibt, *COFEE* illegal im Internet zu beziehen, ist ein Einsatz des Tools Privatpersonen und Unternehmen nicht gestattet.

COFEE beinhaltet ca. 150 verschiedene Tools, die es auch einem unversierten Ermittlungsbeamten ermöglichen soll, innerhalb von ca. 20min. alle informativen und notwendigen Daten aus dem System auszulesen und auf dem USB-Stick abzuspeichern [HEIS08]. *COFEE* zielt damit nicht auf die Analyse sondern auf die Beweissicherung des angreifenden Systems, nachdem das System physisch durch die Ermittlungsbehörde zugänglich ist.

Mehrere nach dem Durchsickern des Toolkits im Internet veröffentlichte Analysen von Privatleuten[21] listen folgende Funktionalitäten auf: Sammlung von Passwörtern von Browsers-Ausfüllhilfen, Darstellungen des Internet-Verlaufs, verschiedene Softwarelizenzschlüssel und WLAN-Passwörter als XML- oder HTML-File aufbereiten und so Komplettinformationen des PC allgemein lesbar zur Verfügung stellen sollen.

Hacker und Cracker haben gegen den Einsatz von *COFEE* - neben der einfachen Verschlüsselung seiner Daten[22] - auch Tools im Einsatz, die speziell auf diese USB Tools ausgerichtet sind. Das von Unbekannten zur Verfügung gestellte Tool *DeCaf*[23] erkennt sobald ein *COFEE*-Stick angeschlossen wurde und wirft diesen wieder aus. Es beendet frei definierbare Prozesse, löscht Verlaufsdateien, Cookies oder Log-Files, und erschwert so das Auslesen von belastenden Material [WINF09].

---

[21] bspw. http://korben.info/cofee-la-cle-securite-de-microsoft-vient-dapparaitre-sur-la-toile.html

[22] Spiegel Online berichtet über einen Polizeizugriff auf einen Cracker, der durch zuklappen seines Notebooks die Analyse der Speicherinhalte nur nach einer Entschlüsselung möglich macht und sich so vor Strafen zu schützen versucht [SPIE11a].

[23] *DeCaf* stellt ein Wortspiel dar, da dies im englischen Sprachgebrauch als Abkürzung für entkoffeiniert, bspw. im Zusammenhang mit koffeinfreiem Kaffee verwendet wird.

4.3.2 Tools zur Sicherung von Daten und Beweisen

Nachfolgende Zuordnung kann nicht immer eindeutig erfolgen.

Wie bereits mehrfach angesprochen, ist eines der wichtigsten Tätigkeiten der forensischen Analyse das Imaging der Datenträger, die Opfer des Angriffs wurden. Diese Tools müssen Qualitätsanforderungen erfüllen, die vom US-amerikanischen Justizministerium im Rahmen standardisierter Testverfahren definiert wurden [übersetzt aus NIJ04, S. 5]:

- Das Werkzeug soll eine bitgenaue Kopie oder ein Image der Quelldisk erstellen.

- Das Tool darf den originalen Datenträger nicht verändern.

- Das Tool soll die Integrität des Images validieren können

- Das Tool soll Fehler in der Übertragung loggen.

- Die Dokumentation für das Tool soll korrekt sein.

4.3.2.1 dd

Das am Weitesten verbreitete Werkzeug zur Erstellung bitgenauer Kopien von Festplatten ist *dd*. Dies wurde ursprünglich in Unix-Umgebungen zum Kopieren und Duplizieren verwenden und ist somit in praktisch allen unixoiden Systemen vorhanden. Da *dd* umfassend und flexibel eingesetzt werden kann, ist es auch in diversen Toolkits vorhanden. Es hat die Tests und Abnahmen des Computer Forensic Tool Testing Programm bestanden [NIJ04], so dass die Ergebnisse gerichtsverwertbar sind.

dd kopiert bitweise einen ausgewählten Datenträger in ein sog. Image. Dieses Image kann in einem späteren Schritt analysiert werden. Die Funktionen der Analyse werden nicht von *dd* unterstützt, es gibt jedoch diverse Analysetools die *dd* image-Formate auswerten können.

dd kann auch in Windows-Systemen eingesetzt werden wird jedoch durch eine Konsole gesteuert.

Abbildung 14: Benutzeroberfläche von dd [Eigener Screenshot von dd]

Der Kopier-Befehl `dd if=Quelle of=Ziel` kann um diverse Parameter erweitert werden, der bspw. die Blockgröße des zu kopierenden Blocks (`Bs`), die Anzahl der zu kopierenden Blöcke (`count`) oder der Umgang mit Lesefehlern definiert (`conv=noerror`) [GESC04, S. 119f.]. Die gesamten Möglichkeiten zur Parametrisierung von *dd* kann aus Platzgründen an dieser Stelle nicht detailliert erläutert werden.

Es gibt verschiedene Erweiterungen von individuellen Entwicklern, die bspw. die Hash-Werte automatisch berechnen und dokumentieren (*dcfldd*). Auch sind die Toolkits teilweise mit leicht modifizierten Versionen von *dd* bestückt [GESC04, S. 120f.].

Die o. g. Anforderungen an die Software bei der Erstellung von Kopien und Images sind von *dd* weitestgehend umgesetzt. Die Quelldaten sind bei Tests durch die CFTT unverändert geblieben und der Hash-Wert hat sich auch nach mehreren Zugriffen durch *dd* nicht geändert [NIJ04]. *dd* erstellt außerdem einen Logfile, der sowohl die Anzahl der kopierten Sektoren wie auch die Nachricht ausgibt, wenn mangels Speicherplatz nicht vollständig kopiert werden konnte.

Bei der Erstellung eines Images wird der komplette zu kopierende Bereich bitgenau kopiert. Dies schließt auch vermeintlich leere Bereiche ein, die bei der Analyse des File Slack, RAM Slack oder dem MFT Slack sehr wichtig sind, um versteckte Daten auslesen zu können.

4.3.2.2 EnCase

Das Produkt *EnCase* ist ein kommerzielles Produkt, das von der US-amerikanischen Firma Guidance Software[24] vertrieben wird. Aufgrund der Vielseitigkeit des Systems hat sich das GUI[25]-basierte Tool vor allem in Polizeibehörden zu einem Quasi-Standard entwickelt. Die Programmfunktionalitäten sind komfortabler und umfangreicher als bei nichtkommerziellen Produkten, da die Verkaufsfähigkeit erhöht werden muss. Die GUI bietet demnach umfangreiche, benutzerfreundlich angelegte Funktionalitäten, die sich an der bekannten Windows-Handhabung orientieren. Der Hersteller wirbt in Produktmerkblättern bspw. damit, dass die E-Mail-Analysefunktion „ähnlich dem bekannten Microsoft Outlook ist" [GUID11]. Aufgrund der kostenpflichtigen Lizenzierung konnte dies nicht überprüft werden, diverse im Internet verfügbare Screenshots und Kommentare scheinen diese Aussagen aber zu bestätigen.

EnCase kann sowohl Windows, Mac OS, Solaris, Linux und HP UX Dateisysteme verarbeiten und unterstützt diverse RAID-Systeme. Umfangreiche Analyse- und Dokumentationsfunktionen sind hier bereits enthalten und erweitern die reine Funktionalität der Datensicherung [GESC04, S. 117f.], so dass es alternativ auch als Toolkit geführt werden könnte.

Auch *EnCase* wurde vom CFTT getestet und weitestgehend für die Verwendung für gerichtliche Zwecke freigegeben. In der getesteten Version 6.5 vom Sept. 2009 waren noch wenige Probleme genannt. So hat *EnCase* bei der Erstellung eines Plattenimages bei wenigen defekten Sektoren angrenzende Sektoren mit 0 kopiert. Für die Dateisysteme FAT32 und NTFS, die bekanntesten Windows-Systeme, können die Images nicht als akkurate Kopie wiedergegeben werden. Es wurden einzelne Sektoren doppelt kopiert und andere haben gefehlt. Als drittes erkanntes Problem wurde eine unzureichende Kopie bei Windows 2000 Systemen erkannt, da auch hier nicht alle Sektoren kopiert wurden [NIJ09, S. 3]. Das Tool erstellt umfangreiche Log Files und Warnmeldungen, die die Durchführung und Kontrollen der Prozesse vereinfachen.

---

[24] www.guidancesoftware.com

[25] grafische Benutzeroberfläche

4.3.3   Tools zur Analyse von gesicherten und flüchtigen Daten

Wenn die Daten nun im Rahmen der Datensicherung gesammelt und gerichtsverwertbar gespeichert wurden, liegen den Forensikern große Mengen an Rohdaten vor, die im Rahmen eines Transformationsprozesses zu nutzbaren Wissen aufbereitet werden müssen. Möglichkeiten hierzu sind die Analyse der Dateisysteme und Verkehrsdaten, aber auch verschiedene Betrugsmuster oder statistische Analysen[26].

4.3.3.1 nwdiff

nwdiff ist ein kostenloses Tool zum Vergleich von Dateien auf Bitebene. Eine Funktion die von vielen Programmen unterstützt wird und meistens in farblich hinterlegter Textform ermöglicht wird, bietet *nwdiff* als grafische Umsetzung. Dies ist hervorragend geeignet einen Überblick über die Dateien und deren (zeitliche) Änderungen zu erhalten.

In Abbildung 15 wurde mit Hilfe von *nwdiff* ein Manuskript dieser Ausarbeitung mit ca. 1 MB Größe mit einer modifizierten Version verglichen. Die Modifikation gibt dabei exemplarisch die Veränderung wieder, die ein Angreifer absichtlich (Datensabotage) oder unabsichtlich (Log-Files) im System hinterlassen hat.

nwdiff zeigt in den oberen Darstellungen Datenblöcke von 64 kB, auf der linken Seite aus dem Original, die rechte Seite zeigt die modifizierte Datei. Links unten wird ein XOR und rechts unten ein OR ausgewiesen. Bei der XOR-Darstellung findet sich am oberen Ende und am unteren Ende grüne Markierungen, die zum einen die Metadaten der geänderten Datei und das modifizierte Ende der Datei hervorheben. Ein schwarzer Bildpunkt zeigt identische Dateien, die Änderung ist entsprechend grün markiert. Die Grafik unten rechts zeigt farblich in welchem File ein Bit gesetzt ist bzw. in Gelb wenn dieser in beiden Dateien identisch gesetzt ist.

---

[26] bspw. Benfordsches Gesetz, Chi-Quadrat-Test

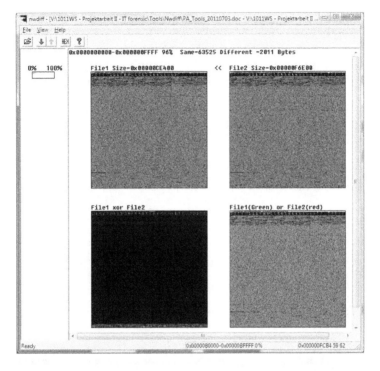

Abbildung 15: Grafischer Dateienvergleich von nwdiff [Eigener Screenshot von nwdiff]

nwdiff bietet bei Klick auf die Grafiken auch eine hexadezimal codierte Anzeige der Datei an, die die Unterschiede der beiden Dateien zeigt. Blau ist hierbei der Bereich markiert, der identisch ist und hier im Übergang zum modifizierten Anteil, in Rot folgt der geänderte Bereich.

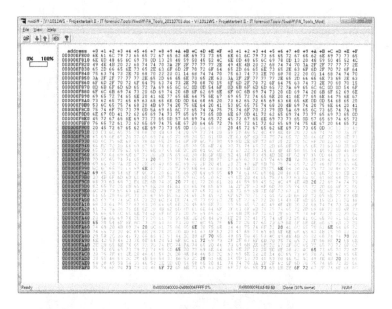

Abbildung 16: Hexadezimaler Vergleich von nwdiff [Eigener Screenshot von nwdiff]

Da Banken und große Unternehmen meistens eine Echtzeitspiegelung mit historischer Sicherung von Dateien haben, kann hier unter Umständen ein Vergleich von gleichen Dateien erfolgen, die ein Mal zu einem Zeitpunkt vor dem Angriff analysiert und mit einem Zeitpunkt nach dem Angriff verglichen werden.

4.3.3.2 Winhex

Winhex ist ein umfangreiches Tool zur Analyse von Dateien jeglichen Formats auf Zeichenebene. Das Tool bietet ebenfalls umfangreiche Hilfsprogramme zur Analyse von Datensystemen, Datenträgern, Partitionen und diverser Datenstrukturen. Es kopiert und entschlüsselt (sofern möglich) Dateien, generiert Hash-Werte und ermöglicht lesenden Zugriff auf die Systemtabellen und Bereiche der unterschiedlichen Datenträgersystemen und des Hauptspeichers.

Winhex gibt es als kostenloses Tool oder mit unterschiedlichen Lizenzen jeweils mit modifiziertem Funktionsumfang. Des Weiteren wird unter der Bezeichnung *X-Ways Forensics*[27] oder *Investigator* ein auf die speziellen Anforderungen der digitalen Forensik abgestimmtes Tool vertrieben. Die X-Ways Software AG bietet zusätzlich kleine Tools, die für die digitale Forensik von erheblicher Bedeutung sein können und deswegen hier kurz aufzuführen sind, auch wenn sie unabhängig von *WinHex* genutzt werden können. *X-Ways Capture* sichert digitale Beweise im laufenden Betrieb des Opfersystems und bietet so die Möglichkeit auch flüchtige Speicher zu sichern. *Davory* kann genutzt werden, um gelöschte Dateien wieder herzustellen und spezielle gelöschte Dateienformate zu suchen.

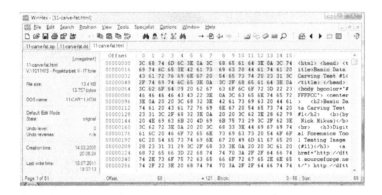

Abbildung 17: WinHex Analyse eines HTML-Files [Eigener Screenshot von WinHex]

Bei der exemplarischen Analyse eines HTML-Files wie dieser in Abbildung 17 dargestellt ist, kann die Funktionsweise leicht erkannt werden. In den linken Blöcken befinden sich die Hexadezimalwerte der ASCII-Codes zu den jeweiligen Offsets oder Adressen, auf der rechten Seite sind die Zeichen in Klarschrift dargestellt und für den Forensiker lesbar. Im linken Bildschirmbereich finden sich zusätzlich die Dateiattribute wie Dateinamen, Erstellungsdatum oder letzter Änderungszeitpunkt. Auf diese Weise können auch MFT Slacks, File Slacks, Disc Slacks und RAM Slacks ausgelesen und analysiert werden.

---

[27] http://www.x-ways.net/winhex/

In Abbildung 18 wurde die Analyse einer Zip-Datei angestartet. In diesem Fall erkennt man im markierten Bereich zwischen den Programmcodes den Dateinamen des enthaltenen Files „11-carve-fat/11-carve-fat.dd". Hierbei handelt es sich um ein mit *dd* erstelltes FAT-Image.

Abbildung 18: WinHex Analyse von Zeichensätzen [Eigener Screenshot von WinHex]

Die erweiterte Version bietet ebenfalls eine Funktion zur Verwaltung der Partitionen mit diversen Angaben zu der Partitionierung: Größe, unbenutzten Bereiche der Festplatte oder zum Partitionierungstyp.

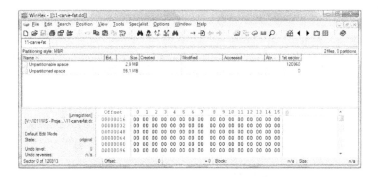

Abbildung 19: WinHex-Verwaltung der Partitionen [Eigener Screenshot von WinHex]

WinHex bietet die Möglichkeit, Textbereiche nach bestimmten Strings und Formaten zu durchsuchen. So kann ein Automatismus bspw. alle DOS Datumsfelder anzeigen oder Integer-Zahlenwerte erkennen.

Abbildung 20: WinHex RAM Analyse [Eigener Screenshot von WinHex]

Eine weitere, hier dargestellte Funktion ist die Analyse des volatilen Hauptspeichers. In Abbildung 20 können die Hauptspeichereinträge von *Google Chrome*, *WinWord* (*MS Word*) oder *MS Outlook* erkannt werden. Die detaillierteren Informationen sind dann die genaue Adresse, die Größe oder der Dateiname, der sich im Hauptspeicher findet (Abbildung 21).

Abbildung 21: WinHex RAM-Speicher Detailangaben [Eigener Screenshot von WinHex]

Neben der genannten Funktionen bietet *WinHex*, insbesondere unter den Forensik-Lizenzen von X-ways, wesentlich mehr nutzbare Tools, die hier aus Platzgründen nicht vollständig dargestellt werden können.

4.3.3.3 nmap und zenmap

nmap ist die Abkürzung von „Network Mapper" und bezeichnet ein Tool, das zum Aus-werten von Ports genutzt werden kann. Das Tool ist der Gruppe der Portscanner zuzuord-nen und ist auch bei Angreifern sehr beliebt, um IP-Adressen und Ports zu finden, die ei-nen Angriff ermöglichen könnten [GESC04, S. 26]. Die Aufgabe eines Portscanners ist, die

Verteilte Systeme   Werkzeuge zur Unterstützung digitaler Forensik

Ports des zu durchsuchendes Systems oder Adressbereichs anzusprechen und das Antwort-verhalten entsprechend auszuwerten. Auch für das Security Engineering der Bank kann diese Funktionalität helfen, die Schwachstellen des eigenen Netzwerks zu identifizieren und Gegenmaßnahmen einzuleiten, bevor schwerwiegende Angriffe erfolgreich durchge-führt werden.

Aufbauend auf der Konsolenanwendung *nmap* gibt es die GUI *Zenmap*, die je nach Down-load direkt mitgeliefert wird.

Abbildung 22: Screenshot nmap Scan auf WLAN Router [Eigener Screenshot von zenmap]

Seite 53/68

nmap gliedert dabei den Portstatus in sechs Gruppen: „offen" ist ein Port, der zur Benutzung, aber auch für einen möglichen Angriff genutzt werden kann und keine oder nur geringe Sicherheitsvorkehrungen getroffen sind. „Geschlossene" Ports sind erreichbar und antworten auf die *nmap*-Anfrage, es gibt aber kein Programm das ihn abhört. Da geschlossene Ports ggf. geöffnet werden, fragen Angreifer den Status dieser Ports häufiger ab. Bei einem „gefilterten" Port bekommt nmap keine Antwort zurück, so dass darauf geschlossen werden kann, dass der Port die Testpakete zwar empfängt, aber eine Firewall oder ein anderes Sicherheitsdevice die Antwort jedoch unterdrückt. „Ungefiltert" bezeichnet einen Port der zwar zugänglich ist, aber der genaue Status (offen/geschlossen) nicht ermittelt werden kann. Die Zustände offen|gefiltert und geschlossen|gefiltert werden benutzt, wenn nmap zwischen den beiden Stati nicht unterscheiden kann[28].

Eine Besonderheit von *nmap* ist die Möglichkeit das Betriebssystem zu identifizieren (siehe Abbildung 24). *nmap* ist eines der beliebtesten Tools bei Administratoren und Angreifern da es sehr zuverlässig arbeitet und umfangreiche Funktionalitäten besitzt. [ORP108, S. 29]

Der Scan, der in Abbildung 22 dargestellt ist, wurde auf den Router des Heimnetzwerks gerichtet. Die verschiedenen Parameter der Anwendung sind in der GUI in einer Auswahlmaske hinterlegt und sind leicht zu bedienen. Je nach Auswahl erhält man umfangreiche Informationen zu dem untersuchten System und den dort gefundenen Ports.

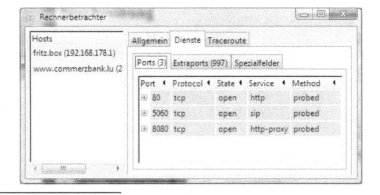

---

[28] Umfangreiche Informationen finden sich auch in Deutsch unter www.nmap.org

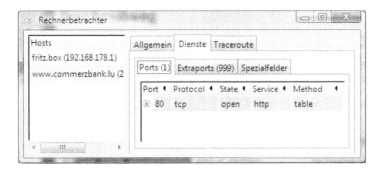

Abbildung 23: Portscans für fritz.box und commerzbank.lu [Eigene Screenshots von zenmap]

So erkennt *nmap* selbsttätig die Ports und zeigt deren Status an, stellt die *Traceroute* dar (siehe Abbildung 25 für die *Traceroute* zu commerzbank.lu), versucht das Betriebssystem zu ermitteln (wenn dies über den Parameter -a gewünscht ist) und bietet viele weitere Funktionen, die an dieser Stelle aus Platzgründen nicht genannt werden können.

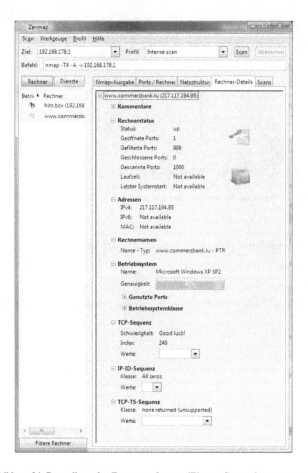

Abbildung 24: Darstellung der Zusammenfassung [Eigener Screenshot von zenmap]

Die GUI bietet noch weitere Möglichkeiten der Aufbereitung von Untersuchungsergebnissen, so wird beispielsweise die Traceroute grafisch aufbereitet (Abbildung 26).

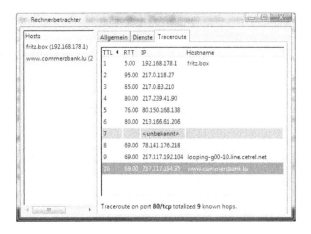

Abbildung 25: nmap Traceroute zu commerzbank.lu [Eigener Screenshot von zenmap]

Abbildung 26: Grafische Traceroute durch nmap/zenmap [Eigener Screenshot von zenmap]

Der Einsatz von Portscannern im Rahmen der digitalen Forensik erfolgt schwerpunktmäßig zur Lokalisierung von Schwachstellen, die den Einbruch ermöglicht haben können. Dies gibt dann erweiterte Hinweise auf das Einbruchsszenario und Stellen, an denen nach Hinweisen gesucht werden kann.

4.3.3.4 Wireshark

Wireshark ist ein Netzwerk-Sniffer der zur LIVE-Analyse von Netzwerk-Verkehr eingesetzt wird. Es ist ein Open Source Tool und bietet eine komfortable GUI als Benutzer-
schnittstelle. Aufgrund seines Funktionsumfangs und der Anpassbarkeit hat sich *Wireshark*
mittlerweile zum Defacto-Standard der Netzwerksniffer entwickelt.

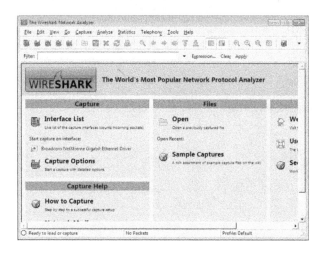

Abbildung 27: GUI Wireshark Network Analyzer [CHIP11]

Das Scannen des Netzwerks ermöglicht es die Datenpakete zu analysieren und dabei die
ausgetauschten Daten in reguläre oder erlaubte Kommunikation und in auffällige Kommunikation zu unterscheiden. Um dies zu vereinfachen bietet *Wireshark* das Erstellen von
Regeln, die die Einträge des Protokolls aussortieren oder farblich markieren. Auch kann
man über verschiedene Tools die mitgeschnittenen Verbindungen statistisch auswerten.
Eine Analyse könnte die Anzahl und Nutzungshäufigkeit der verschiedenen genutzten Protokolle sowie das darüber übermittelte Datenvolumen darstellen [DIRS10].

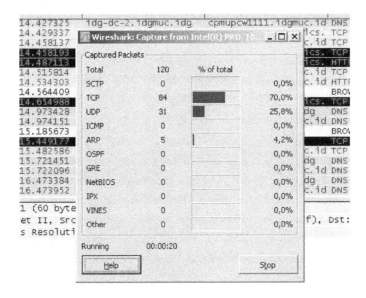

Abbildung 28: Analyse des Netzwerkverkehrs mit Wireshark [DIRS10]

Der wesentliche Einsatzbereich von *Wireshark* ist die Live-Analyse. Das Tool läuft unter verschiedenen Betriebssystemen (u. a. Windows, Linux, OS X, Solaris, FreeBSD, NetBSD) und ermöglicht das Scannen von Ethernet-Netzwerken, bietet aber auch Funktionalitäten für die Analyse von USB-Ports, Bluetooth, Token Ring, FDDI, VoIP und viele andere Protokolle, Systeme und Schnittstellen. Verschlüsselte Protokolle kann *Wireshark* direkt entschlüsseln und ebenfalls problemlos analysieren.

Die Ergebnisse lassen sich in den Formaten XML, PostScript, CSV oder ASCII speichern und im späteren Verlauf auswerten.

4.3.4   Tools zur Präsentation von Analyseergebnissen

Die Zielsetzung der forensischen Analyse ist die korrekte und vollständige Aufklärung des Sachverhalts, um diese Informationen im weiteren Verlauf nutzen zu können. Dies kann eine gerichtlicher Straf- oder Zivilprozess sein, der die strengsten Auflagen an die forensischen Tätigkeiten hat. Hierzu sind neben einen Gutachten, das im Wesentlichen die Fragen zum Täterkreis beantworten soll, in welchem Zeitraum und in welcher Abfolge welche Taten begangen wurden, welche straf- oder zivilrechtliche Relevanz dadurch ausgelöst wurde und wenn möglich auch wie und warum die Taten durchgeführt wurde. Dies muss natürlich mit entsprechenden Beweisen untermauert werden. Basis hierfür bieten u. a. die vom BSI geforderten Verlaufs- und Ergebnisprotokolle [BSI11, S. 91] oder Logbücher [GESC04, S. 209].

Doch auch das Unternehmen selbst kann zusätzlich oder ohne die gerichtliche oder behörd-liche Teilhabe großes Interesse an der Aufklärung haben, wobei hier das entsprechende interne oder ein externes Forensik-Team den Entscheidungsträgern alle notwendigen In-formationen zu möglichen Tätern, dessen Aktivitäten und vor allem die Sicherheitslücken im System darstellen sollte, zusammen mit den Möglichkeiten den Schaden zu beheben und die Sicherheitslücken zu schließen. Zur Dokumentation des Angriffsverlaufs bieten sich auch die klassische Diagrammarten an, um unverständliche Zahlen und Zeitverläufe zu visualisieren.

GESCHONNECK zeigt in einem Vorlesungsskript „IT-Forensik" der Steinbeis-Hochschule Berlin nachfolgende exemplarische Visualisierungen zur Veranschaulichung.

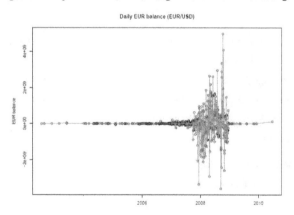

Abbildung 29: Exemplarische Darstellung von Umsatzvolumen

In dieser Abbildung wird die Veränderung des Umsatzvolumens, bspw. eines Vertreters dargestellt. Durch Aufbereitung der Auswertung der Umsatzzahlen lässt sich einfach und schnell erkennen, dass in 2007 Unregelmäßigkeiten begonnen und in 2008 große Aktivitäten zu verzeichnen waren. Ab 2009 wurden diese auffälligen Aktivitäten eingestellt. Dies kann bei der Ermittlung helfen, in dem die Suche auf die relevanten Zeiträume eingeschränkt wird.

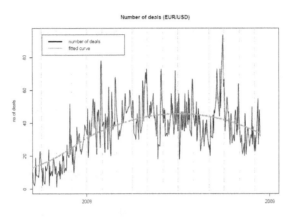

Abbildung 30: Exemplarische Darstellung von Geschäftsvolumen

In Abbildung 30 lässt sich wiederum erkennen, dass sich die Anzahl an Transaktionen und Geschäftsabschlüssen von 2007 auf 2008 verdoppelt hat und gegen Ende 2008 wieder rückläufig war. Unter der Annahme, dass die beiden Kurven zusammen gehören, würde die Tatsache, dass sich der Umsatz vervielfacht hat, die Anzahl der Geschäfte jedoch nur verdoppelt, neben den Auffälligkeiten des Kurvenausschlags zusätzliche Schlussfolgerungen ermöglichen.

Je nach Vorfall ist es auch wichtig für die Unternehmen die Öffentlichkeit oder ein großer aber begrenzter Kreis an Stakeholdern über die Vorfälle zu informieren. Wie Anfang 2011 der Vorfall bei Sony Japan gezeigt hat, nimmt die öffentliche Wahrnehmung von Attacken zu [SPIE11b] und hat große Auswirkungen auf die Reputation der Unternehmen. Demnach ist es wichtig, die korrekte Außendarstellung zu wählen und die Medien richtig einzusetzen, um den Schaden nicht noch zu vergrößern.

5   Resümee

Dass Großbanken und große Unternehmen eigene Abteilungen vorhalten, die mit dem Thema IT-Sicherheit und der damit verbundenen Thematik der IT-Forensik befassen, zeigt deutlich, welchen Stellenwert dies heutzutage hat. Auch bei der Ausarbeitung dieses Papieres musste eine Eingrenzung auf einen nur kleinen Teil des gesamten Themas vorgenommen werden, um die Menge an Daten und Themen verarbeiten zu können. Nicht zuletzt aufgrund der Hackerangriffe der letzten Monaten wird das Thema in diversen Büchern und Internet Foren, von Berufsgruppen und Instituten, staatlichen Behörden und politisch interessierten Usern detailliert und mit unterschiedlicher Zielsetzung diskutiert.

Die Forensik ist aber eine noch relativ neue Disziplin der Informatik und erste anwendungs- und forschungsorientierte Studiengänge befinden sich noch in Entwicklung oder im Aufbau. Einheitliche Vorgehensmodelle und methodische Ansätze bestehen zwar in Grunde, eine breite Akzeptanz oder best-practice Ansätze einheitlicher Modelle haben sich jedoch noch nicht durchgesetzt. Auch die Erkenntnis, dass das Locardsche Austauschprinzip auch bei Computerstraftaten anwendbar ist, führte zu einem Umdenken in der Durchführung der IT-Forensik und einer stärkeren und formelleren Anwendung des Tätigkeitsbereichs. Die mehrjährige Entwicklung und die gerichtliche Diskussion der Analyseergebnisse haben zu einem Verständnis für die Zielsetzung geführt und schaffen so die Basis, den gesamten Themenkomplex in Zukunft noch besser einzusetzen [BARA10].

Die Werkzeuge, die hierfür am Markt erhältlich sind, zeigen sowohl funktional als auch in Bezug auf ihre Verfügbarkeit eine breite Spanne, so dass jeder Ermittler schon jetzt in der Regel das richtige Werkzeug für seine Zwecke und seine Vorlieben erhält. Aus allen verfügbaren Tools kann (und wird) sich ein Ermittler seinen eigenen individuellen Werkzeugkasten zusammen setzten und bei seinen forensischen Tätigkeiten einsetzen [GESC04, S. 136]. Eine Analyse oder gar ein Vergleich der Tools ist aufgrund deren Heterogenität nur schwer möglich, viele Standardtools fanden sich in unterschiedlichen Kombinationen in Toolkits wieder. Hier zeigt sich der Vorteil der Open Source Programme die auch in kommerziellen Toolkits ihren Platz gesichert haben: Erst der freiliegende Sourcecode macht das Programm universell einsetzbar, was zu einer breiten Akzeptanz führen kann, und bietet den weiteren Vorteil, dass die Korrektheit und Sicherheit von allen Benutzern geprüft werden kann.

Die Attraktivität von Kreditinstituten durch ihren direkten Kontakt mit dem Zahlungsverkehr und den großen Geldbeträgen im Umgang der Mitarbeiter und der Systeme, in dem
leicht auch größere Betrügereien untergehen können, ist nachvollziehbar. Unvorstellbarer
Schaden könnte entstehen, wenn Cracker es schaffen in die komplexen Schnittstellen des
europäischen Zahlungsclearings einzubrechen und direkt an dieser Schnittstelle nicht mehr
nachvollziehbare Gutschriften ohne zugehörige Belastungen zu generieren.

Deswegen ist gerade im Bereich der Transaktions- und Einlagebanken ein besonderes Au-
genmerk auf die Sicherheit zu legen und ständig Angriffe auf die demilitarisierte Zone
(DMZ) und die internen Netzwerke, aber insbesondere auch das Abfangen und Manipulie-
ren von Nachrichtenaustausch, von außen wie auch von Innen sorgfältig zu überwachen.

Literaturverzeichnis

BANK10   XXXXX (HRSG.): „Sicherheitsprotokollierung, Incident Response und IT-
            Forensik – Richtlinie für den Xxxxx Konzern". Internes Rundschreiben, 30.
            Juni 2010.

BMI11   BUNDESMINISTERIUM DES INNEREN (HRSG.): „Wirtschaftskriminalität". On-
            line-Artikel,   2011.   Abgerufen   unter   http://www.bmi.bund.de/-
            SharedDocs/Standardartikel/DE/Themen/Sicherheit/SichAllge/-
            Wirtschaftskriminalitaet.html?nn=246796 am 02.03.2011.

BSI11   BUNDESAMT FÜR SICHERHEIT IN DER INFORMATIONSTECHNIK (HRSG.): „Leit-
            faden IT-Forensik". Version 1.0.1, Bonn, März 2011. Abgerufen unter:
            https://www.bsi.bund.de/SharedDocs/Downloads/DE/BSI/-
            Internetsicherheit/Leitfaden_IT-Forensik_pdf.pdf?__blob=publicationFile
            am 27.05.2011.

BUTA06   BARYAMUREEBA, Venansius; TUSHABE, Florence: „The Enhanced Digital
            Investigation Process Modell". In: „Asian Journal of Information Technolo-
            gy".   Ausgabe   5/2006,   S.   790-794.   Abgerufen   unter
            http://www.forensicfocus.com/enhanced-digital-investigation-model   am
            2011-08-01.

CARR02   CARRIER, Brian: „Open Source Digital Forensics Tools: The Legal Argu-
            ment".   @stake   Research   Report.   Abgerufen   unter
            http://www.digital-evidence.org/papers/opensrc_legal.pdf am 2011-06-12.

CHIP11   CHIP DOWNLOADS: „Wireshark (32 Bit)". Internetseite. Abgerufen unter
            http://www.chip.de/downloads/Wireshark-32-Bit_13012592.html   am
            28.08.2011.

DIRS10   DIRSCHERL, Hans-Christian: „Die besten Hacker-Tools". Online-Artikel
            „Computerwoche"   vom   18.03.2010.   Abgerufen   unter
            http://www.computerwoche.de/security/1887468/index4.html   am
            05.08.2011.

DOLL09   DOLLE, Wilhelm: „Computer-Forensik in der Praxis". In: „DuD – Daten-
            schutz und Datensicherheit", Ausgabe 3/2009, S. 183-188.

DUDE07   DUDEN (Hrsg.): „Recht A-Z: Fachlexikon für Studium, Ausbildung und
            Beruf". Dudenverlag (Mannheim, Leipzig, Wien, Zürich), 2007.

ECKE09   ECKERT, Claudia: „IT-Sicherheit". Oldenbourg Verlag (München), 6. Auf-
            lage, 2009.

EFEN11   E-FENSE: „Helix3Enterprise". Webpage. http://www.e-fense.com/

GDV03   GESAMTVERBAND DER DEUTSCHEN VERSICHERUNGSWIRTSCHAFT (HRSG.):
            „Diebstahl, Unterschlagung, Untreue: Schadenursachen und Schadenprä-
            vention der Mitarbeiterkriminalität". Pressemitteilung. Abgerufen unter:
            http://www.gdv.de/Presse/Archiv_der_Presseveranstaltungen/-
            Presseveranstaltungen_2003/Presseforum_Schaden_und_Unfall_2003/-
            inhaltsseite12337.html am 10.06.2011.

GESC04   GESCHONNECK, Alexander: „Computer Forensik. Systemeinbrüche erken-
            nen, ermitteln, aufklären". dpunkt.verlag (Heidelberg), 1. Auflage, 2004.

GUID11   GUIDANCE SOFTWARE, INC.: „EnCase Forensic v7". Produktmerkblatt. Ab-
            gerufen   unter   http://www.guidancesoftware.com/WorkArea/-
            DownloadAsset.aspx?id=1000016303 am 03.07.2011.

HAKöOs11   HACKHAUSEN, Jörg; KÖHLER, Peter; OSMAN, Yasmin: „Hackerangriff ver-
            setzt Finanzwelt in Aufruhr". Online-Artikel vom 08.02.2011, Handelsblatt.
            abgerufen unter http://www.handelsblatt.com/3826072.html am 09.09.2011.

HEIS08   HEISE ONLINE: „Microsoft stellt Ermittlern forensisches Tool zur Verfü-
            gung". Online-Artikel vom 29.04.2008. Abgerufen unter http://heise.de/-
            204068 am 23.07.2011.

KIDARO08   KILEY, Matthew; DANKNER, Shira; ROGERS, Marcus: „Forensic Analysis of
            Volatile Instant Messaging". In: IFIP INTERNATIONAL FEDERATION FOR
            INFORMATION PROCESSING (HRSG.): „Advances in Digital Forensics IV",
            Springer-Verlag (London), 2008, S. 129-138.

KROL08   KROLL ONTRACK GMBH (HRSG.): „Computer Forensik. Gerichtsverwertbare
            Analyse digitaler Spuren in der Wirtschafts- und Computerkriminalität",
            White Paper, 2008. Abgerufen unter http://www.ontrack.de/handbuecher/
            am 13.01.2011.

LAIN00   LAING, Brian: „How to Guide-Implementing a Network Based Intrusion
            Detection System". Abgerufen unter   http://www.inguardians.com/-
            research/docs/switched.pdf am 11.06.2011.

LUTH04   LUTHER, Johannes: „Einführung eines Intrusion Prevention/Detection Sys-
            tems bei der MTU Friedrichshafen GmbH". Diplomarbeit v. 20.09.2004.
            Abgerufen   unter   http://nw-network.com/misccontent/documents/-
            Diplomarbeit_IPS.pdf am 24.07.2011.

MAMA10   MANAGER MAGAZIN: „PayPal gibt Wikileaks-Spenden frei". Online-Artikel.
            Abgerufen   unter   http://www.manager-magazin.de/politik/artikel/-
            0,2828,733706,00.html am 07.08.2011.

MAST07   MALOOF, Marcus A.; STEPHENS, Gregory D.: „Elicit: A System for Detect-
            ing Insiders Who Violate Need-to-Know". In: KRUEGEL, Christopher;
            LIPPMANN, Richard; CLARK, Andrew (Hrsg.): "Recent Advances in Intrusion
            Detection", Springer-Verlag (Berlin, Heidelberg), 2007, S. 146-177.

MISI06a   MITNICK, Kevin; SIMON, William: „Die Kunst der Täuschung. Risikofaktor
            Mensch". Taschenbuch. mitp (Heidelberg), 2006.

MISI06b   MITNICK, Kevin; SIMON, William: „Die Kunst des Einbruchs. Risikofaktor
            IT". mitp (Heidelberg), 2006.

MÜLL10   MÜLLER, Klaus-Rainer: „Handbuch Unternehmenssicherheit". Vie-
            weg+Teubner Verlag (Wiesbaden). 2010.

NIJ09   NATIONAL INSTITUTE OF JUSTICE (U.S. DEP. OF JUSTICE): "Special Report:
            Test Results for Disk Imaging Tools: EnCase 6.50". Abgerufen unter
            http://www.ncjrs.gov/pdffiles1/nij/228226.pdf am 03.07.2011.

NIJ04   NATIONAL INSTITUTE OF JUSTICE (U.S. DEP. OF JUSTICE): "Special Report:
            Test Results for Disk Imaging Tools: dd Provided with FreeBSD 4.4". Ab-
            gerufen unter http://www.ncjrs.gov/pdffiles1/nij/203095.pdf am 03.07.2011.

ORPI08   OREBAUGH, Angela; PINKARD, Becky: „Nmap in the Enterprise: Your
              Guide to Network Security". Syngress Publishing (Burlington, MA), 2008.

PANC08   PANCOST, Scott: „The Play Station Portable: Background and Forensic
              Analysis of the File System and Standard Files on the Play Station Porta-
              ble". Abgerufen unter: http://www.computerforensicexaminer.com/-
              computer-forensics-expert-florida-miami-palm-beach-lauderdale-dave-
              kleiman-forensic-training-files/Sony_PSP_Forensics.pdf am 25.05.2011.

PwC09   PRICEWATERHOUSECOOPERS (HRSG.): „Wirtschaftskriminalität. Eine Analy-
              se der Motivstrukturen". Abgerufen unter: http://www.pwc.de/de/-
              riskomanagement/assets/Wirtschaftskriminalitaet_Feb09.pdf   am
              10.06.2011.

RICH08   RICHARDSON, Robert: „2008 CSI Computer Crime & Security Survey".
              Computer Security Institute, New York. Abgerufen unter http://gocsi.com/-
              sites/default/files/uploads/CSIsurvey2008.pdf am 17.05.2011.

SAJE00   SAMMES, Tony; JENKINS, Brian: „Forensic Computing. A practitioner's
              Guide". Springer-Verlag (London), 2000.

SCHW06   SCHWABEROW, Volker: „Tools zur IT-Forensik". In: „Management und
              Wissen". Secu-Media Verlags-GmbH (Ingelheim), 2/2006.

SEME08   SENCAR, H.T.; MEMON, N.: „Overview of State-of-the-Art in Digital Image
              Forensics". In: BHATTACHARYA, Bhargab; SUR-KOLAY, Susmita; NANDY,
              Subhas C.; BAGCHI, Aditya (Hrsg.): „Algorithms, Architectures and Infor-
              mation Systems Security". World Scientific Publishing (keine Ortsangabe),
              2008, S. 325-347.

SIEN94   SIENKIEWICZ, Bodo S.: „Computer-Sicherheit – Praxis und Organisation".
              Addison-Wesley (Deutschland) GmbH, 1994.

SORU11   SOLOMON, Michael G.; RUDOLPH, K.; TITTEL, Ed; BROOM, Neil; BARRETT,
              Diane: „Computer Forensics – Jump Start". Wiley Publishing, Inc. (India-
              napolis, ID), 2. Auflage, 2011.

SPIE10   DER SPIEGEL: „Steuer-CD soll 400 Millionen Euro einbringen". Online-
              Artikel vom 05.02.2010. Abgerufen unter http://www.spiegel.de/politik/-
              deutschland/0,1518,676071,00.html am 20.07.2011.

SPIE11a   DER SPIEGEL: „Angriff auf Polizeirechner – Hacker festgenommen". Onli-
              ne-Artikel vom 18.07.2011. Abgerufen unter http://www.spiegel.de/-
              netzwelt/netzpolitik/0,1518,775012,00.html am 23.07.2011.

SPIE11b   DER SPIEGEL: „Hacker konnten Daten von 100 Millionen Sony-Kunden ko-
              pieren".   Online-Artikel   vom   03.05.2011.   Abgerufen   unter
              http://www.spiegel.de/netzwelt/games/0,1518,759830,00.html   am
              24.07.2011.

STUB02   STUBBINGS, Thomas C.: „Die 7 großen Irrtümer der Informationssicherheit
              – ein Praxisbericht aus der Sicherheitsrevision". In: ERASIM, Erwin;
              KARAGIANNIS, Dimitris (Hrsg.): „Sicherheit in Informationssystemen", vdf
              Hochschulverlag, Zürich, 2002, S. 85-102.

WILL05   WILLASSEN, Svein: „Forensic Analysis of Mobile Phone Internal Memory".
              In: IFIP INTERNATIONAL FEDERATION FOR INFORMATION PROCESSING
              (HRSG.): „Advances in Digital Forensics", Springer-Verlag (London), 2005,
              S. 191-204.

WINF09   WINFUTURE: „Decaf behindert Micosofts Polizei-Tool COFEE". Online-
              Artikel   vom   14.12.2009.   Abgerufen   unter   http://winfuture.de/-
              news,52167.html am 22.07.2011.

ZDN06   ZDNet: „Cyber Terrorismus bedroht US-Banken". Online-Artikel,
              01.12.2006. Abgerufen unter http://www.zdnet.de/news/39149564/ am
              07.08.2011.

www.ingramcontent.com/pod-product-compliance
Lightning Source LLC
La Vergne TN
LVHW092347060326
832902LV00008B/863